新时期
大学生思想道德教育
研究概论

XINSHIQI
DAXUESHENG SIXIANG DAODE JIAOYU
YANJIU GAILUN

姜金林 著

中国水利水电出版社
www.waterpub.com.cn

内 容 提 要

本书为研究大学生思想道德教育的一个新作。从总体上看，本书把重点放在研究改革开放以来大学生思想道德教育的新变化和应有的对策。为了透彻说明大学生思想道德教育的几个重要问题，本书把重点放在理论分析、重要内容、原则与方法、路径拓展和心得问题。在每一个部分，作者都把重点放在了改革开放以来大学生思想道德教育的变化这一问题的处理上。本书适合于广大高校思想政治理论工作者用来作为理论教育研究之用，书中意见仅供参考。

图书在版编目（CIP）数据

新时期大学生思想道德教育研究概论 / 姜金林著
. -- 北京 : 中国水利水电出版社, 2014.11（2022.9重印）
ISBN 978-7-5170-2667-9

Ⅰ. ①新… Ⅱ. ①姜… Ⅲ. ①大学生－思想政治教育－研究－中国 Ⅳ. ①G641

中国版本图书馆CIP数据核字(2014)第257322号

策划编辑：杨庆川　责任编辑：杨元泓　封面设计：马静静

书　　名	新时期大学生思想道德教育研究概论
作　　者	姜金林　著
出版发行	中国水利水电出版社 (北京市海淀区玉渊潭南路1号D座 100038) 网址：www.waterpub.com.cn E-mail：mchannel@263.net(万水) sales@mwr.gov.cn 电话：(010)68545888(营销中心)、82562819（万水）
经　　售	北京科水图书销售有限公司 电话：(010)63202643、68545874 全国各地新华书店和相关出版物销售网点
排　　版	北京鑫海胜蓝数码科技有限公司
印　　刷	天津光之彩印刷有限公司
规　　格	170mm×240mm　16开本　12.75印张　165千字
版　　次	2015年5月第1版　2022年9月第2次印刷
印　　数	3001-4001册
定　　价	39.00元

前　言

改革开放已经走过36年不平凡的岁月，我国正处于改革攻坚的关键时期。新时期我国社会的深刻转型使社会结构和利益格局都出现了深刻的变动，高等教育也进入大众化阶段，思想观念和社会认知在大学生群体中出现了复杂的变化，引发了全社会的关注，加强和改进大学生思想道德教育，提高他们的思想道德修养水平，对改革开放事业的全面深化和稳步推进具有重要意义。

据统计2013年我国大学毕业生的人数达到了699万，这个数字在2014年夏天变为727万，预计2015年全国大学生毕业人数还将增加20万左右，创造近几年来的新高。如此庞大的大学生群体，给毕业生的就业带来了巨大的压力，在如此严峻的就业形势下，一部分大学生在压力之下选择了逃避。另外，大学生通过网络接触到的各种不健康内容和腐朽思想越来越多，大学生道德素质的心理防线越来越薄弱。在就业压力以及外界影响的双重作用之下，我国大学生道德素质面临着严峻的考验。为了适应新形势下我国大学生思想道德教育的需求，保证我国大学生的健康成长，党中央多次下发以“加强大学生思想道德建设，提高大学生思想道德素质”为主题的重要文件，充分显示了党和国家对大学生思想道德教育工作的关心和对我国在校大学生成长、成才的殷切期望。

传统的思想道德教育侧重于对大学生个人修养与传统道德品质的教育，其主要形式为通过课堂完成的理论课教育。随着网络的兴起普及以及多元文化要素等社会变化的冲击，我国大学生思想道德建设出现了新的情况。社会条件的转变使我国大学生思想道德建设的侧重点有所变化，单纯对大学生进行个人修养和道德品质的教育已经不能满足当前大学生思想道德建设的需求。在高校的教育实践中，培养大学生对社会主义道德的信仰、对个人社会价值的追求以及辨别是非好坏的能力都是当前大学生思想道德建设应该紧抓不懈的重点。另外，当前大学生思想道德教育的方式和途径更为灵活，如社会实践、先进校园文化建设、网络思想道德教育等是提高大学生思想道德素质的手段。在大学生思想道德教育与培养中，各高校必须紧跟时代的步伐，把握时代发展的脉搏，根据形势和需要对思想道德教育工作进行适时调整。

近些年来针对我国目前大学生思想道德建设出现的新情况，各高校相继对这一课题进行立项研究，取得了一大批优秀的理论成果，这些科研成果为科学地把握大学生思想道德教育规律，深入开展大学生思想道德教育实践活动提供了有力支持。目前，我国正处于经济和社会高速发展的时期，各种新的社会问题不断出现，大学生思想道德教育的现实状况也随之变得更加复杂，因此大学生思想道德教育的教育理论和实践探索也应该与时俱进，不断更新，从而为做好大学生思想道德教育工作提供源源不断的动力。本书的创作正是基于我国大学生教育的实际状况，着眼于为我国大学生思想道德教育工作提供新的理论支持和有效的实践指导而创作的。

本书用六章的篇幅对大学生思想道德教育的相关内容进行了系统的研究与分析。第一章从大学生思想道德教育的现实境遇、环境新变化、教育对象的新特征以及我国大学生思想道德教育面的机遇和挑战四个方面较全面分析了新时期大学生思想道德教育的背景。第二章对大学生思想道德教育的基本理论进行了研究，主要内容包括马克思的人的全面发展理论、思想道德教育相关学科理论、我国传统优秀道德教育理论以及外国的主流道德教育理论。第三章系统阐述新时期思想道德教育的主要内容，包括理想信念教育、爱国主义和民族精神教育、人生观和价值观教育、择业观和创业观教育、廉洁教育以及法治教育。第四章对大学生思想道德教育的原则和方法进行了详细的论述。第五章对大学生思想道德教育的路径进行了研究，具有较强的实践指导性，主要包括高校校园先进文化的建设、社会实践实效性的提升以及道德教育社会环境的优化等内容。第六章归纳了新时期大学生思想道德教育的创新实践，从大学生心理健康教育、网络文化以及社团活动三个方面对思想道德实践的创新活动进行了详细的阐述。

笔者在写作过程中，花费了不少的心思选取了国内外最新的德育思想和德育理论，从而在内容上保证了本书观点的新颖性和实践上的指导性；从行文语言上看，本书运用通俗化的语言对思想道德素质的相关内容进行阐述，从而避免了思想道德教育类著作给读者带来的枯燥感。

本书在创作过程中引用的部分资料，限于篇幅未能一一列出，在此笔者对这些学术资料的作者和出版者表示衷心的感谢和诚挚的歉意。我国大学生思想道德教育的实际状况和需求随着社会的发展不断变化，由于学术水平和个人精力的限制，笔者的分析和研究不可能面面俱到，书中难免存在这样那样的缺陷，真诚地希望广大读者不吝指正，以便笔者对本书做进一步的修改和完善。

作　者

2014 年 8 月

目 录

第一章　新时期大学生思想道德教育的现实境遇

新时期大学生思想道德教育环境已经出现了深刻而又显著的变化。大学生思想道德教育要跟上时代的变化，就必须对之做认真研究。当前，外部环境最典型的特征便是全球化，不仅包括经济全球化，还有文化全球化、交往全球化，这在很大程度上影响了我国大学生的思想变化。

第一节　新时期大学生思想道德教育环境的新变化

大学生的思想道德教育是在一定的社会环境中形成并逐渐发展的。改革开放30多年来，我国社会的变化是深刻而巨大的。从国际上看，经济全球化带动我国的国际交流日益深刻，面对的国际竞争也日益激烈。社会信息化改变了我国的经济增长方式和信息沟通方式，国内经济和信息环境可以说瞬息万变。从国内看，市场经济体制改革进入矛盾凸显期。全面考察这些新变化，对于我们科学认识当代大学生思想道德教育的现实境遇，具有重要的理论和现实意义。

一、文化多样化

文化是在社会历史发展过程和社会交往中，人们集体创造、共同享有、后天习得的生产方式、生活方式特别是精神生产方式和精神生活方式的总和。文化现象本身就是丰富多彩、千姿百态的，是一种多样化的存在。21世纪，人类文化交往的空间将更进一步扩大，速度也将空前加快，文化交往全球化将成为人类历史的必然趋势。在全球化时代，尊重各民族的文化权利，加强不同文化之间的相互尊重、相互理解、相互学习，求同存异，形成一种世界范围内的文化多样性格局，正成为当今世界各国人民的共同心声。联合国教科文组织发表的《世界文化多样性宣言》就提出，要把文化多样性作为一种鲜活的不断更新的宝藏予以保存，而不是作为没有生命的、一成不变的文化遗产加以继承。文化多样性是交流、革新和创造的源泉，对人类来讲就像生物多样性对维持生态平衡那样必不可少。

随着中国对外开放程度的日益加深，我国社会文化领域的多样化发展趋势也日益明显。科技的迅速发展，为多样文化的发展提供了强大而先进的载体。生产力的发展，成为文化多样化发展的重要推动力。而社会经济成分、组织形式、就业方式、利益关系和分配方式日趋多样化，从而造成了我国社会文化精神生活的多样化。文化的多样化，反映了我国人民群众的不同层次的文化需求，是人们精神世界不断丰富的表现，是我国社会文化逐渐繁荣的重要标志。文化的多样化是改革开放的必然产物，也是我们党顺应时代发展、主动变革社会、创造历史的结果。随着经济的进步和社会的发展，我国的文化风格出现了一种“多样文化共存”的局面，主要表现在以下这些方面。

（一）文化的多样性是主文化、亚文化、负面文化共存

主文化，即在社会中占统治地位或主导地位的文化，这是我们国家的根本价值观之所在。亚文化，是相对于主文化而言的，只为某些特定群体所接受的独特文化。亚文化的发展反映了社会转型加速期社会价值观日益分化的特点。一方面亚文化的发展如果引导得当，会对主文化的发展起到很好的补充作用；另一方面，如果不进行有效引导，就有可能模糊甚至湮没主

文化。负面文化就是否定、背离主流文化的文化，并且试图取代主流文化。

（二）文化的多样性是传统文化、西方文化和当代马克思主义文化的共同发展

当代中国的先进文化，是继承和发扬中华民族优良文化传统，是以马克思主义为指导的，代表最广大人民群众根本利益，反映先进生产力发展要求的文化。继承和发扬中华民族的优良传统文化是每一个中国人的历史责任，也是中国共产党人所担负的文化使命。在继承和学习的过程中，传统文化中反映封建主义腐朽没落的文化、西方文化中反映资产阶级消极颓废的文化难免会沉渣泛起，对主流文化产生冲击。这就需要我们进行甄别、取舍和引导。

有学者对传入中国的当代西方文化作了研究。他们认为，当代西方文化种类十分丰富，传入中国社会的内容也是五花八门，从现代性、人本主义到后现代主义，再到女权主义。这一系列的内容都影响到我国当代大学生的思想。现代性促使我国大学生更加理性，更加注重逻辑；人本主义则使得一部分大学生思想之中蕴含对自我的热切关注；后现代主义主张的学生又要突破理性的枷锁，从其他方面重建自我；具有女权主义思想的大学生又希望实现女子在整个社会的完全平等。这一系列思想与传统思想文化和马克思主义文化都存在不同程度的相似和冲突之处。这就加大了我国思想政治教育工作者的难度。

总之，文化多样化是经济全球化、社会信息化、体制市场化带来的必然结果。在当今的环境下，文化多样性既丰富了社会主义文化的内容，满足了人们精神生活的多样化需求，又给人们的思想观念和价值取向带来了巨大的冲击，给人们形成正确的思想观念和价值观带来了一定的困难，给大学生思想政治教育带来了严峻的挑战。

二、经济全球化

“经济全球化”在20世纪90年代得到认可，最早是在20世纪80年代中期由西方学者特·莱维提出。2000年江泽民同志在会见出席“二十一世纪论坛”的外方人士时指出，经济全球化已经成为世界经济发展的必然趋势，也是各国经济未来发展依赖的外部环境。经济全球化给人类带来前所未有的繁荣和发展机遇，同时也带来了巨大的风险和严峻的挑战。党的十七大报告指出，要立足社会主义初级阶段这个最大实际，科学分析我国全面参与经济全球化的新机遇新挑战。清醒认识我国全面参与经济全球化的新机遇新挑战，对于不断推进中国特色社会主义事业具有重要意义。由此可见，经济全球化已成为当今世界经济发展的重要特征，它将中国与世界紧密地联系在一起。

当前我国参与经济全球化已经走入第二阶段，已经从“引进来”，逐步转变为“走出去”。有数据显示，我国已经从资本净流入国转向资本净流出国。这就要求我国在参与经济全球化的过程中，要更加关注全球经济的动向，做出及时调整。对于思想政治教育来说，在经济全球化的第二阶段，更加要注意思想政治教育的方向与内容。

从本质上看，经济全球化是指以市场经济为基础，以先进科技和生产力为手段，以民族国家为主体，以最大利润和经济效益为目标，是个要素相互融合的过程。从现象上看，经济全球化是指世界经济活动超越国界，通过对外贸易、资本流动、技术转移、提供服务等而形成的各国经济在全球范围的相互依赖性增强。

经济全球化主要有以下几个特点。

（一）经济全球化表现为高度的流动性和高度的开放性

这主要体现为人才流、物流、信息流、资本流和知识流等生产要素在世界范围的流动日益广泛和频繁。许多国家大学生中兴起了“留学热”,中国的高端人才也纷纷在国际人才市场上崭露头角。世界上越来越多的国家和地区,改变了闭关自守的状态,逐步融入经济全球化的洪流。高科技和信息网络化,也支持和推动了经济全球化的这种高度流动性。世界上所有的国家,都不同程度地被经济全球化的浪潮所卷入。尤其是在经济全球化的第二阶段,我国的人才、产品、信息、资本和知识大量流向其他国家。我国培养的大学生也将要走入世界其他国家,他们的思想状况如何直接影响到我国的国际形象,从而进一步影响到中华民族伟大复兴的梦想。

(二)经济全球化表现为高度的集约性和高度的垄断性

这主要体现为经济全球化的基本单元和行为主体——跨国公司及国际金融机构对全球经济所产生的巨大而广泛的影响。中国加入 WTO 后,世界 500 强中的大部分跨国公司纷纷进入中国,既带来大量的资金、先进的管理技术,又为解决我国劳动力就业特别是大学生就业问题提供了机会。跨国公司及国际金融机构的经营活动几乎涉及世界经济生产活动的所有领域,而且大约控制了世界上 80%的新技术、新工艺专利,70%的国际直接投资,60%的世界贸易,30%的国际技术转移。

(三)经济全球化表现为高度的渗透性和高度的互补性

这主要体现为人才流、物流、信息流、资本流和知识流的时空约束减少、成本降低及资源互补,发达国家的资本、技术、管理、文化等迅速向发展中国家渗透,发展中国家的能源资源和劳动力等也向发达国家渗透,资本、知识、资源等在全球市场流动并趋向合理配置,使世界经济呈现出一体化特征。经济全球化使世界各国经济的相互依赖性更加强化,这有助于不同国家和地区在资本、知识、资源等方面的互补,也有助于全球经济的发展。

（四）经济全球化表现为高度的风险性

这主要体现为资本、技术、管理的快速流动和思想、文化的渗透，给发展中国家带来程度不一的经济安全、信息安全、科技安全、政治安全等问题。如 2008 年由美国华尔街的金融危机而引起的金融风暴如“海啸”一般冲击着全世界的经济体系。经济发达国家资本、技术、管理流向的选择性，势必使一部分发展中国家处于边缘化。甚至经济发达国家也不乏对经济全球化的反对之声，其原因也在于经济全球化的高度风险性。

（五）经济全球化表现为高度的依赖性和高度的异步性

这主要体现为世界上不同国家和地区之间的经济、技术、资源的依赖性增强。发达国家通过控制核心技术，可以有选择地输出先进技术、先进管理和先进设备，从而形成不对称的依赖性。经济全球化的高度异步性，使世界在一定时期内会出现后工业社会、工业社会、农业社会乃至原始社会并存的现象。因此，许多发展中国家呼吁在经济全球化进程中建立公正、合理的国际经济新秩序，反对发达国家利用经济全球化获取单方面的利益。

（六）经济全球化表现为科技、服务、生产的全球化

这种科技的全球化主要表现为科技活动的全球化、科技传播的全球化、科技成果的全球化和科技影响的全球化。在科技全球化过程中，通过“市场换技术”和“技术换市场”，国际技术转移明显加快。生产的全球化，主要表现为新型网络企业模式使生产过程突破了时空限制并使其产品为世界范围的消费者认同和消费。服务的全球化，主要表现为社会服务能力在世界范围内远距离的充分体现。

总之，经济全球化是现代经济、科技高速发展的必然产物，也是不以人们意志为转移的客观趋势。对世界而言，经济全球化已

不是一种选择问题，而是一种现实问题；是如何实现平等、公正、互惠、共赢、共存、共同繁荣的问题。对中国而言，加入 WTO 后，我们更要正视经济全球化这一现实，主动利用经济全球化带来的巨大机遇。尤其要看到，经济全球化呈现出新特点，给大学生思想行为变化带来双重影响，既要因势利导发挥积极影响，又要避免带来的消极影响。

三、体制市场化

市场化，是解放和发展生产力，实现经济体制转变，建立社会主义市场经济体制的重要途径。社会主义市场经济就是使市场在社会主义宏观调控下对资源配置起基础性作用，适应供求关系的变化；通过价格杠杆和竞争机制，实现资源的优化配置和优胜劣汰。

在党中央、国务院领导下，我国市场化改革有计划有步骤地推进。1978 年以来，从农村改革到城市改革，到 20 世纪 90 年代末，我国已初步建立起市场经济体制。2003 年，中国共产党第十六届中央委员会第三次全体会议通过了《中共中央关于完善社会主义市场经济体制若干问题的决定》。30 多年的市场化改革，使中国经济快速发展，经济实力和综合国力显著增强，全球影响力大大提升。

中国经济的市场化进程给社会带来的主要变化包括：

（一）促进了社会结构的多样化

市场化导致了经济成分和经济利益的多样化。经济成分和经济利益的多样化导致了社会阶层的多样化。社会阶层的多样化带来了生活方式、行为方式和思想观念的多样化。多样化的社会结构分层就产生了各种不同的利益要求，从而带来更多的社会矛盾。当前我国社会的各种突出问题；如拆迁、反腐、医患矛盾等，其本质都反映了我国各社会阶层的利益要求。来自不同阶层的大学生，必然受到其所在社会阶层的影响，从而在观念上有很大的不同。

（二）经济管理体制和方式有了重大改革

政府逐步取消了生产方面的指令性计划，让市场导向生产，让企业决定产量。全面放开了对价格的管制，市场价格成为基本价格形式。中介组织的发展弱化或取代了政府的行政干预。

（三）中国经济市场化成果丰硕

我国经济市场化改革取得的重大成果体现在各个方面。市场在资源配置中发挥了基础性作用。多种所有制经济共同发展的格局基本形成。国有企业市场化程度大大提高，非国有经济发展迅速，成为国民经济的重要力量。

新世纪，我国社会主义市场经济发展处于关键时期，社会主义市场经济的发展，一方面，由于市场经济自身的缺陷和我国经济体制改革中所存在的问题，又出现了一些与市场经济相伴而生的不良现象。另一方面极大地解放和发展了生产力，给经济领域注入了活力和动力，使竞争、效率、平等、开放等这些现代意识深入人心。

四、社会信息化

现代社会科学技术获得了迅猛的发展，其重要标志之一是现代信息科学技术特别是互联网技术的发展。社会信息化是通过现代信息技术和网络设施把社会最基础的资源——信息资源充分应用到社会各个领域的过程。信息化的主要目标是最大限度地开发利用信息资源，提高社会各领域信息技术应用和信息资源开发利用的水平，为社会提供更高质量的产品和服务，促进全社会信息化。信息化是从有形的物质产品创造价值的社会向无形的信息创造价值的新阶段的转化，也就是从以物质生产和物质消费为主，向以精神生产和精神消费为主阶段的转变。

由联合国发起、于 2007 年 11 月 12 日至 15 日在巴西里约热内卢召开的“互联网管理论坛第二次会议”公布的调查数据显示，在全球信息化进程中，中国正处于从被动应对向自主发展转变的关键时期，中国经济建设和社会发展的环境已经进入一个快速变化的信息时代。信息化主要有以下几个特征：

（一）“四化”

一是电子化。光电和网络代替工业时代的机械化生产，人类创造财富的方式不再是工厂化的机器作业，有人称之为“柔性生产”。

二是智能化。知识的生产成为主要的生产形式，知识成了创造财富的主要资源。知识经济是以高技术产业为第一产业支柱，以智力资源为首要依托，是可持续发展的经济。

三是非群体化。在信息时代，信息和信息交换遍及各个地方，人们的活动更加个性化。信息交换除了在社会之间、群体之间进行外，个人之间的点对点信息交换日益增加，甚至将成为主流。

四是全球化。信息技术正在消除时间和距离的隔阂，信息技术的发展大大加速了全球化进程。随着互联网的发展和全球通信卫星网的建立，国家信息主导权将受到冲击，各网络之间可以超越地理上的联系而组合在一起。

（二）“四性”

一是开放性。创新是高新技术产业的灵魂，是企业竞争取胜的法宝。开放是创新的源泉。开放最重要的是指信息的公开和开放。

二是综合性。信息化在技术层面上是多种技术综合的产物，它整合了半导体技术、信息传输技术、多媒体技术、数据库技术和数据压缩技术等。在更高的层次上它是政治、经济、社会、文化等诸多领域的整合。

三是渗透性。信息化使社会各个领域发生全面深刻的变革，它同时深刻影响物质文明和精神文明，并成为经济发展的主要牵引力。信息化使经济和文化的相互交流与渗透日益广泛和加强。

四是竞争性。信息化进程的一个突出特点是，信息化是通过市场和竞争推动的。政府引导、企业投资、市场竞争是信息化发展的基本路径。

总之，社会信息化彻底地改变了人们社会生活的方式。大学生是一个对信息异常敏感和渴求的群体，是社会信息化的主动参与者和有力推动者。因此，社会信息化对大学生的思维方式和行为方式产生着深刻的影响，对传统的思想政治教育模式也提出了严峻的挑战。

第二节　新境遇背景下大学生思想道德教育面临的机遇和挑战

文化多样化、经济全球化、体制市场化、社会信息化相互交织，共同构成了当代大学生思想道德教育的现实境遇。这些现实境遇，既为大学生思想道德教育带来了全面进步的机遇，又对大学生的人生实践教育提出了挑战。

一、新境遇给大学生思想道德教育带来的机遇

（一）新境遇拓展了大学生思想道德教育的国际视野

经济全球化、社会信息化的发展使大学生思想道德教育的时空得到了前所未有的拓展，客观上要求我们具备一种宏大、开放的国际视野，来重新审视大学生思想道德教育的理论和实践。经济全球化唤醒了他们的国际意识、竞争意识和进取意识。伴随着经济全球化的发展进程，西方国家的一些势力想从中国获

利，以便长期保持自己的经济优势，延缓中国上升为世界强国的步伐，这些现象都强烈地影响着大学生的思想，这也为新时期加强对大学生的国际意识教育和爱国主义教育提供了很好的契机。

大学生思想道德教育时空视阈的世界性拓展，不仅拓展了大学生的国际视野，而且为我们充分利用这种新境遇做好大学生思想道德教育提供了新的思维方式和理念。经济发展要面向世界，精神文明建设同样也不能关起门来进行。这就要求在全球化背景下，大学生思想道德教育必须以宽阔的视野和开放的胸怀，汲取人类文明的一切优秀成果和先进经验，在世界视野中推进大学生思想道德教育的改革与发展。

（二）新境遇更加凸显大学生思想道德教育的极端重要性

当今世界，伴随着经济全球化和社会信息化浪潮的兴起，世界范围内综合国力的竞争更加激烈，而人才的竞争在综合国力的竞争中又居于主导地位。在人力资源的开发过程中，我们又要处理好科学文化素质和思想道德素质两者的关系。知识经济和信息技术的发展必然会更加凸显出社会道德及人的情感等精神因素构建的重要性。经济一体化的发展和知识经济的勃兴，在世界范围内综合国力竞争日益激烈的条件下，塑造一大批德才兼备，具有高度社会责任感、爱国主义精神和创新精神的高科技人才显得更加迫切和更加重要。因此，必须从科教兴国的战略高度，从人的素质全面发展的高度，来认识思想道德教育在培养新时期具有国际视野、思想道德素质过硬的高素质人才中的重要作用，切实加强大学生思想道德教育。

（三）新境遇为大学生思想道德教育资源开发和内容拓展提供了良好契机

随着信息技术的发展，思想道德教育者也获得了更加便利地调用各种教育资源的条件，大学生面临着一个开放的信息世界，他们可以在丰富多彩的信息世界尽情地漫游。思想道德教育者还可以在网络互动，更为准确地把握教育对象的心理状态、思想动向等。教育者对这些资源的掌握与开发越多，大学生思想道德教育就越有针对性，越富有成效。

新的境遇为大学生思想道德教育内容的拓展也提供了良好契机。在全球化的条件下，思想道德教育被赋予了更多新的时代内容，要求体现更加鲜明的开放性特征和国际化特征。同时，关注人的社会生存环境、生活质量以及人类的尊严、道德完善和全面发展问题，尊重人类的共同规范，保护生态环境，维护世界和平，促进人类发展，也是大学生思想道德教育需要解决的新课题。在社会信息化条件下，培养大学生的信息素养，增强大学生的信息意识和信息观念，也成为当前社会信息化条件下大学生思想道德教育的新内容。在文化多样化的条件下，要进一步加强和改进以马克思主义为指导的主流文化的教育，而且要在大学生的通识教育中，将中华民族传统文化中和世界其他国家和民族文化结合起来。在社会主义市场经济条件下，要将市场意识、竞争意识、效率意识、平等意识、民主意识、规则意识等这些适应市场经济发展的观念和素质纳入大学生思想道德教育的内容体系中，增强其时代感和现实性。

（四）新境遇为加强和改进大学生思想道德教育提供了良好的载体

以网络技术为核心的现代信息技术的迅速普及，不仅成为全球化的重要推动力和表现之一，而且给大学生思想道德教育创造了新的载体。网络作为大众媒介，与传统的报纸、广播、电视相比，显示了自己的许多特点和优势。互联网是20世纪末以来资讯传播技术发展的结晶，也是继报纸、广播、电视之外，最近兴起的“第四媒体”。

一是传播方式的交互性：在网络上，传播者和受众可以通过各种软件和方式及时沟通，使信息的反馈得以及时实现，从而在全新的意义上实现受众对信息传播过程的参与。二是信息传播的高效性：在现代信息化条件下，信息能随时更新，甚至实时传播。三是传播空间全球化：目前，网络已经延伸到了全球200多个国家和地区，在任何角落进入网络，在瞬间就可以传遍整个世界。网络使家庭与学校对学生的思想教育连为一体。通过网络，家长可随时与学校保持联系，做到家校结合，共同做好学生的思想道德教育。四是传播手段多媒体化：网络作为一种新的传播方式，同时具备文字、图像、视频、音频等人类现有的一切传播手段。网络可以发挥多媒体技术手段的优势，使传播效果最优化。五是开辟了大学生思想道德教育的新阵地。学生利用网络来了解国内外、校内外发生的事件，网络日益成为大学生思想道德教育的新阵地。

二、新境遇给大学生思想道德教育带来的挑战

（一）文化多样化给大学生思想道德教育带来的挑战

在新世纪，大学生思想道德教育所面临的新境遇的突出特点之一就在于它的开放性、多元复杂性，文化多样化给大学生思想道德教育带来的挑战主要表现在：

一是对价值观念的挑战。我国改革开放的实践使人们的思想观念、价值观念日益多样化。一方面，市场经济的发展导致了社会流动性的增强和社会阶层的分化，产生了不同的利益群体，这些不同的利益群体都有各自不同的价值观念。大学生接受着来自这些不同利益群体的不同价值观念的影响，必然会导致价值取向上的矛盾、迷茫甚至混乱，增加价值选择的难度。另一方面，大众传媒的发展又为这些不同的价值观念提供了表达的载体和渠道。在大众文化领域，各种五花八门的亚文化，以电视、网络为载体粉墨登场，难免鱼龙混杂、泥沙俱下，而大学生又缺乏对这些亚文化的鉴别能力，逐渐疏离甚至背离了社会中积极、正面、健康向上的价值观。如何帮助大学生学会在不同价值观中进行鉴别、选择，这是文化多样化对大学生思想道德教育提出的又一个

挑战。

二是对我国主流文化主导地位的挑战。经济全球化浪潮的不断高涨，加上信息化的发展，必然带来国际范围内不同思想文化更加激烈的碰撞。在任何文化的交流、碰撞中，总是高势位文化掌握着交流的主控权。这种文化交流的一般规律决定了现实文化交流的不平等性。在当前世界范围内文化大交会的态势下，我国也客观地处于文化交流的劣势地位。在文化激荡的条件下，如果不警惕这一点，帮助大学生树立起中华民族的文化自信，用社会主义核心价值体系构筑起一道坚固的文化防线，文化多样化就必然带来主流文化边缘化。

（二）经济全球化给大学生思想道德教育带来的挑战

无论从客观现实的层面，还是主观意图的层面，经济全球化进程都对我国的大学生思想道德教育构成了严峻的挑战。从客观现实的层面看，经济全球化以美国等西方发达国家为主导，成为它们极力向全球强制推行西方国家的意识形态及其制定的国际经济法则的过程；从主观意图的层面看，西方发达国家借助全球化、倚仗其科技与经济实力进行“西化”、“分化”中国的图谋。在经济全球化背景下，西方的意识形态渗透获得了新的表现形式，手法不断翻新，而且越来越隐蔽，越来越具有欺骗性。从我国的高等教育来看，高校不仅面临着西方发达国家先进的科学技术和现代化教育水平的挑战，而且也面临着西方文化意识形态渗透的挑战。因此，在经济全球化进程中，我们要引导学生、帮助大学生增强对各种西方社会思潮辨析、甄别和抵御的能力。

（三）体制市场化给大学生思想道德教育带来的挑战

改革开放以来，随着社会主义市场经济体制的建立和完善，市场经济的发展同时也给大学生的思想发展和大学生思想道德教育提出了一些新的挑战。

一是随着社会主义市场经济体制的进一步确立和完善，国内社会的政治、经济领域发生了广泛而深刻的变革。当前，各种社会思潮应时而生，正确与错误相互交织，积极与消极相互激荡。我国意识形态领域呈现出多元格局：既有占统治地位的马克思主义，也有各种非马克思主义思想意识，还有反马克思主义的错误思想；既有社会主义的主流思想，也有资本主义的腐朽观念，还有封建主义的思想残余。帮助大学生树立正确的价值观，是现阶段我国思想道德教育要解决的重要问题。

二是市场经济发展过程中所暴露出来的一些弊端，对大学生的思想发展产生了消极影响。市场经济自身的弱点诱发的自由主义、拜金主义、享乐主义、利己主义不同程度地存在，国外资产阶级腐朽思想文化乘虚而入，这就为大学生思想道德教育带来了一系列新问题。市场经济自身的自发性、趋利性、盲目性，也诱发了一部分大学生的投机心理、功利主义倾向。在行为方式上，一小部分大学生也出现了诚信缺失、恶性竞争等现象。这些新的动向，也需要加以重视并进行正确引导。

三是市场经济的发展给传统的思想道德教育模式带来了挑战。传统的思想道德教育运行方式主要是与计划经济相适应的行政主导方式，这就使思想道德教育带有十分浓厚的行政色彩和等级观念。这种思想道德教育的运行方式适应了当时特殊的经济体制和社会组织形式的需要，也取得了一定的成效。但随着市场经济体制的建立，这种僵化而单一的思想道德教育运行方式已经无法满足社会发展的需要了。市场经济作为一种全新的经济运行方式，对思想道德教育运行模式提出了新的要求。思想道德教育的领导体制和运行机制必须进行改革。必须建立一套与市场经济体制相适应的大学生思想道德教育运行机制，整合社会各方面的教育力量和资源，形成思想道德教育的社会合力。

（四）社会信息化给大学生思想道德教育带来的挑战

社会信息化使人们获取信息的条件发生了根本的变化，但由于西方发达国家在信息技术和信息传播制定方面处于主导地位，对信息技术相对落后的国家力图使网络成为其实现政治图谋的新工具。如果任凭西方资产阶级的价值观念和有害信息经由互联网在中国自由地传播与泛滥，就会给大学生对本民族文化和价值观念的认同带来一定冲击，并侵蚀我国的传统文化和先进文化。

信息化的进程，是人们获取信息的手段愈益先进、信源愈益广泛、信道愈益多样的进程。信息传播愈益多元多样，教育对象接触不同倾向思想意识的机会越来越多，其信息摄取行为也愈益个体化、隐蔽化。当前，各种信息媒体特别是网络空前普及，那种思维活跃、目光敏锐、善于独立思考、富有创新精神的大学生网民，在信息获取意识上已经远远超过了思想道德教育者。这无疑大大影响了思想道德教育者的话语权和主导权。

网络是一把“双刃剑”。由于互联网本身的隐匿性及相关制度规范、教育引导措施的滞后，出现了很多大学生网络行为失范和心理健康问题。网络信息管理的乏力意味着网络行为得不到有效制约，助长和纵容了某些大学生网民自我意识的膨胀和道德责任心的淡化，导致了网络行为的失范。近年来，一些大学生利用网络进行各种违法犯罪活动，更加令人担忧的是，由于沉迷网络造成的网络依赖综合征，已成为威胁大学生心理健康的重要心理障碍。所以，我们要对网络加大监管力度，做好大学生网络引导工作。

第三节　新时期大学生思想道德教育对象的新特征

时代在发展，社会在进步。当代大学生相比于以往时代的青年来说，其特征变化十分明显。首先，在生理特征上，当代大学生的生理特点在这个时期有更加明显的变化。其次，心理上和思想上也有与以前时代青年不同的特点。由于接收到的信息更多，面临的社会变化更大，大学生的思想甚至出现超乎意料的情况。

一、大学生的生理特点

第一，体格发育迅速。人的身高与体重，在生长发育过程中有二次高峰。第一次的高峰期是从出生到一岁左右，在此期间体重可增一倍，从3kg左右增至6～7kg；身高会从50cm生长到70～75cm，身高增加比例为身体的50%。第二次生长期高峰为青春期。在青春期之前，身高每年增长3～6cm，到青春期，每年少则长5～8cm，多的达到10～13cm。相应地，体重每年可增3～6kg。由于大学生在大学学习阶段，仍处于青春期后期，这使得大学生继续延续着增长的势头，主要表现为：精力充沛，好玩爱动，身强力壮，朝气蓬勃。男女学生随着体质增强和体形变化，表现出明显的性别差异，充分体现人体的健与美。

第二，大脑和神经系统发达。青年时期，是智能高度发展的时期，脑的重量女子在20岁左右最重，男子在20～24岁之间最重，30岁以后呈递减趋势。大脑的神经纤维显著增加，神经系统的形态和机能基本完善。青年期大脑抽象逻辑思维能力大大提高，愈来愈善于运用概念，进行判断、推理。这个时期的学生，已能从事比较复杂的脑力劳动，并能主动安排自己的学习，进行独立钻研。但是，他们的脑细胞还较脆弱，容易疲劳，因此要劳逸结合。他们的观察力、概括力、想象力、独立思考能力都因此而大为增加；他们对于自然界、社会现象和人的思想行为，有了自己的看法；他们记忆力好，求知欲强，思想敏锐，接受新事物快，并逐渐奠定世界观的生理基础；他们开始认真考虑将来做什么人、干什么事、走什么样的人生道路等问题。

第三，性机能趋于成熟。大学阶段的青年学生正处于性的成熟期。第二性征越来越明显，女子嗓音细润，乳房发育，月经规律；男子喉结突出，嗓音粗，胡须渐多。性激素还引起了性的生理冲动和欲望，产生了对异性的好奇和特殊好感，有了爱情的追求和向往。性激素广泛作用于整个机体的生理发育，促进骨骼的成长与成熟（骨化），使体魄坚实有力，体态日益健壮、丰满、匀称。因此，对大学生要特别注意进行青春期生理、心理卫生教育，进行如何正确对待恋爱婚姻问题的教育，帮助他们较快、顺利地度过这一时期。

二、大学生的心理特点

青年期是少年向成年人转变的过渡期，也是少年心理向成人心理过渡的关键期，而大学阶段则是青年期的最后时期。这段时间对大学生的人生产生的作用是巨大的。大学生随着身体的发育成长，在社会各种条件的相互作用下，心理面貌也发生巨大变化，对待人生也形成了一定的思想，也具有了一系列的心理特征。

（一）情感丰富而强烈

情感是人对客观事物态度的心理体验与感受。情感是脑的机能，是客观事物刺激的反应。大学生随着年龄的增长、智力的发展、社会实践的增多，情感愈来愈丰富，具体表现为：

第一，理智感显著发展。理智感是智力活动过程中所产生的体验。理智感是大学生在生活和学习的实践中逐步发展起来的，同时又促进和推动大学生对世界认识和改造的活动。大学生的基本任务是学习，因此其理智感的发展速度较快且侧重于学习方面。他们的求知欲、好奇心、探究心、幽默感和讽刺性，都是理智感的种种体验和表现。

第二，道德感明显发展。道德感是根据一定社会道德准则评价别人或自己言行的情感体验。由世界观决定的同志感、爱国主义感、集体主义感、社会责任感都是大学生从多方面体验到的道德感。如对他人言行评价时体验到的崇敬或愤怒，对自己言行评价时体验到的不满或喜悦。同时，反感、睿智、疏远、尊敬、轻视、感激、歉意等，都是道德感的具体表现。

第三，美感进一步发展。美感的发展与人的修养和社会经历有关。大学生是青年中文化水平较高的群体，他们鉴别美的能力更高，欣赏美的范围更大，内容更深化。他们对美的欣赏，不限于服装的得体、音乐的动听、艺术的艳丽，还赞叹山河的壮丽、春光的明媚、建筑的宏伟、田野的生机。他们不仅欣赏外在美，而且欣赏内在美，对艺术美、社会美的欣赏能力也大大提高。

第四，友谊感在大学生的情感中十分突出。可以说青年时期是人生的一个分界点，青少年期由于个人的思想刚刚开始出现一些自主，这时候对家庭的依赖较大，友谊感不很强烈。当进入青年期，伴随着各方面的成长，思想的成熟，对友谊的要求渐趋强烈，并愈来愈注重于信念、志向、情趣、性格、爱好的交往，以互相交流思想、探讨问题、互相帮助。

大学生的情感具有外露性，喜怒哀乐溢于言表，感情奔放，容易冲动。他们往往表现出为真理而奋斗的热情，向往如火如荼的生活，喜欢激动人心的场面；但也可能出现盲目的狂热和冲动，铸成大错。他们常因自己的需要和愿望得到满足而手舞足蹈，欣喜不已，也会因为一时得不到满足而怒气冲冠，悲观失望。虽然较中学来说还算稳定，但是没有经历过生活挫折，依然存在不稳定的成分。

（二）认识能力发展迅速

第一，观察力的发展。观察是一种有计划、有目的、较持久的知觉活动；观察力是在事物的表象中察觉出它的属性和特征的能力。大学生在接受教育的过程中，观察力发展很快，观察的目的性、主动性、精确性和深刻性都有很大提高。

第二，记忆力的发展。记忆力是人脑对过去经验中所发生过的事物的反应能力。大学生正值记忆力发展的黄金时期。他们的记忆方式也大有改进，无意记忆和机械记忆还存在，但有意记忆、意义记忆和有目的记忆占据优势；他们的记性容量迅速扩大，源源不断的书本知识、生活知识和社会知识涌入他们的大脑，成为他们记忆库中的资料。

第三,想象力的发展。想象力是在过去知觉的基础上创造新的形象的能力。由于观察力、记忆力的发展,个人学习、生活资料的积累,为大学生想象力的发展准备了条件。这使得大学生充满幻想,富有理想,憧憬未来,向往明天。

第四,思维能力的发展。思维能力是大脑概括地、间接地反映客观现实的能力。大学生随着第二信号系统作用的增强、学习范围的扩大和接触社会范围的扩大,抽象思维在思维活动中占据了主要地位,并逐步从经验性抽象思维向理论性抽象思维发展,从形式逻辑思维向辩证逻辑思维发展,其思维的敏锐性、深刻性、批判性、独立性和创造性都有明显发展。

(三)自我意识增强

第一,自尊心、自信心和好胜心明显增强。大学生随着身心发展和知识扩展,显示出力量和才能,萌发出成人感,自尊心已明显提高,要求受到别人的尊重,总想显示自己的作用以引起别人注意。自信心的增强表现为他们对自己的知识、能力、情感、意识有了了解和信心,喜欢对自己作肯定性评价。这一时期的学生要强好胜,喜欢显示自己的力量和才华,处处要表现自己是生活的强者。对待大学生的自尊心、自信心和好胜心,我们应该合理健康地引导使之积极进取、不甘落后,珍视荣誉;防止处理不当使之脱离集体、追求虚荣、自傲自卑、铤而走险。因此,我们在做思想政治工作时一定要肯定和保护他们的自尊心和积极性,同时又要严格要求,善于引导,使二者有机地结合起来。

第二,独立意向迅速发展。由于日益增强的体力和智力,大学生的思想已经逐渐成熟、自主,独立性和主动性显著发展。不再像中小学阶段对家庭有较大的依赖性和被动性。特别是当代大学生,他们不轻信他人结论,甚至会出现批判和“逆反心理”,不喜欢受到束缚,这种独立性不一定是缺点。当然,对大学生的独立性要加以引导,使其朝着正确的方向发展。

第三，自我评价和自我教育能力成熟。大学生自我意识的增强，他们不仅借助别人的评价认识自己，而且主要是按照自己的尺度，进行独立的自我评价。大学生自我评价能力的日趋成熟，使他们自觉地进行自我教育成为可能。并且，随着自我评价的准确性提高，他们自我教育的主动性、正确性和稳定性亦相应提高。大学生思想政治工作应结合学生的这一特点，积极引导学生进行自我教育。

（四）社会心理渐趋成熟

随着大学生各方面的发育成长，他们的社会交往扩大了，愈来愈重视人际关系，以提高自己在社会关系中的地位。而随着独立性的增强，他们与家庭、同龄人以及教师的关系都发生了变化。

进入大学后，在他们与家庭的关系上，逐渐发生了质的变化。他们渴望独立，父母的榜样已不像童年时期那样绝对地、不加批判地被接受。随着知识、学历层次的提高和年龄的增长，他们在家庭中的独立性地位逐渐提高，行为的自主性越来越大，可以自主地支配自己的时间和朋友选择、交往方式等。

在与同龄人的交往上，其关系是获取信息、经验、友谊的很好形式，大学生希望自己可以像少年时期，有一种集体主义意识，有一种集体归属感。所以在大学中社团众多，各式各样，大学生参加社团活动和入团入党的要求强烈，以期承担更多的社会义务和社会责任，渴望在一个团体中能体现自己的价值，体现自己在这个团体中的作用。

在大学生与教师的关系上，也发生了显著变化。大学生不再把学习分数作为同龄人之间取得尊重、声望、名誉的途径，而把学习理解为生活的准备。他们把教师看做师长和朋友，对教师的尊敬多于崇敬。师生关系从少儿时的“亲密型”转为“疏远型”，把自己看做是有自学能力和自主性的学生。

(五)个性、意志形成,兴趣爱好广泛

个性是指一个人的各种心理特征的综合,也可以说是一个人的基本精神面貌。随着身心的迅速发展,阅历和经验的增加,大学生富于理想和追求,进取心强,充满希望和活力。大学生的个性向稳定发展但尚未完成,仍具有可塑性。尽管这种可塑性逐渐减弱以至定型,但仍保留着少年时期那种好模仿的特性,并达到较高级的程度。榜样的力量是无穷的,利用大学生的可塑性和模仿性,正确进行引导和影响,对大学生良好的个性形成会产生积极影响。

意志是人自觉地支配行动,是人自觉地确定目的,并根据目的调节支配自身的行动,克服困难,实现预定目标的心理过程。大学生随着年龄、知识和自我意识的发展,意志的目的性、自觉性和坚持性越来越强,使之能够支配、调节自己的行动,去战胜内心的惰性和外部的困难,从而达到目的。但他们与成人相比,意志尚不稳定,缺乏耐心,容易冲动,不能理智驾驭情感而容易发生偏激,等等。

兴趣是积极探究某种事物或某种活动的意识倾向,是推动人们去寻求知识和从事某种活动的一种精神力量;爱好则是对一定事物所持的积极倾向体验。大学生的兴趣爱好与学习知识、发展智能、健全体魄、陶冶性情等日常生活的主要内容和未来的事业紧密相连。大学生意识到学习的社会意义,知道今天的学习就是明天的应用;他们对感兴趣的知识热情洋溢,坚持不懈,对不感兴趣的学科则轻视,甚至放弃。对此,我们应予以及时指导,使他们明确各学科之间的广泛联系。由于如今的大学都是寄宿制,少了家庭的牵挂与制约,多出了很多的自由时间,使之有了充沛的过剩精力和广泛的兴趣爱好,对此,应适应大学生的爱好,开展丰富多彩的文化体育活动,使他们的过剩精力得到释放,以利于他们身心的健康发育。

(六)性意识成熟,产生恋爱要求

青年期的大学生处于性机能迅速成熟时期,这引起他们生理和心理的一系列变化,并对异性有着非同一般的情感。由于大学生生理发育已趋成熟,性意识走向真实,性无知和性好奇被恋爱要求所代替,他们渴望在情感上与异性交流,关心异性对自己的评价,迫切想和异性接近。现在,大学生谈恋爱现象比较普遍,原因比较复杂,除青春期提前、性意识超前外,与外来文化影响、缺乏正确指导、大学生的相互模仿及家长的容许和鼓励也有很大关系。也许多学生有"先成才后成家"和"可遇不可求"的观点,这说明他们能比较理智地驾驭情感。要引导大学生正确处理学习和恋爱的关系,要他们明确把主要精力用到学业上来是时代对当代大学生的最主要的要求。

三、大学生的思想特点

(一)思想发展的良好趋势

第一,理想信念的主流是好的。当代大学生理想信念的主流是健康向上的。当代大学生是出生在改革开放后的一代,从小生活在和平的社会氛围下,充分享受着和平时代的美好生活。他们有着爱憎分明的性格特征,具有强烈的爱国情怀。在对待社会正义问题上,有着正确的价值判断标准。在我国遭遇"98 抗洪""汶川地震""玉树地震"等自然灾害中,大学生做出了很好的表率作用,他们组成志愿者队伍,去帮助那些需要帮助的人。大学生志愿者已经成了我们所处时代的一道亮丽的风景线,在北京奥运会、残奥会、上海世博会中到处可以看见大学生志愿者的身影。

当代大学生具有健康向上的人生态度,具有崇高的社会理想,对自己今后的人生道路能够有一个合理的规划,他们维护民族尊严、国家利益,爱憎分明,愿意在别人有困难的时候伸出援助之手，他们对父母的爱用更为显性的方式表达出来，他们关心国家大事，关心国际时政。总的来说，当代大学生的理想信念现状是好的。

第二，思想活跃。当代大学生是在开放、民主的环境中成长起来的。全球化的深入发展，使得整个世界已经成为一个紧密联系的统一体，新兴大众媒体的发展，互联网的普及，使得大学生的眼界大为开阔。在开放的社会环境下，今天的大学生思想活跃，求新求异意识强，好奇心强，对“新”“奇”的事物具有强烈的接触欲望。

在信息化时代，互联网激活了大学生跳跃的思维，拓展了大学生与外部世界沟通的渠道，大大地提高了大学生们获取各种信息和知识的能力，提高了他们学习的主动性、自主性和参与性。对每样事物都有他们自己的见解。这不仅满足了当代大学生日益增长的精神文化多样化的需要，而且也为他们提供了一个接触社会、了解世界的全新渠道，在他们的生活中处处体现着创新的思维和创新的行为。

总之，当代大学生思想活跃，求新求异意识比较强，他们不再留恋传统的思维、做事方式，乐于、勇于接受新事物、新潮流、新看法、新挑战，善于运用新的手段和方法获取新的信息。对待一些问题观点深刻、逻辑严密、善于表达，甚至有强迫自己用成年人的思维思考问题的倾向。自信、个性鲜明，敢于表达，不相信说教，喜欢独立判断，喜欢按照自己的方式选择行为，并对其行为负责。他们不够稳定、不持久，但却很单纯、很阳光、很可爱，这些成为这一代人的重要特征。

（二）思想上也存在不和谐的因素

1. 价值取向多元化，价值判断扭曲

随着改革开放的深入，我国的经济体制由一元主导的计划经济体制转向市场经济体制。全球化的纵深发展带来了国际间经

济、政治和文化的广泛交流，一元价值观受到了巨大的冲击，人们的价值取向开始动摇、呈多元化的状态并且还有进一步发展之态势，这在当代大学生身上表现得尤为突出。在当下，一些大学生在现代传媒的低俗大众文化的环境下，歪曲了对于成功的认识。在世界观、人生观和价值观层面上，当代大学生注重现实与实用主义，表现在享乐主义的物质文化取向和颓废主义的精神生活取向上，他们把现实的物质利益、舒适的生活、职业和地位当作了人生的唯一追求，走入了金钱拜物教的门槛。他们追求感官享乐、追求物质利益最大化，对自我价值的认识偏重于物质衡量，由此产生了奢侈、功利、纵欲的人生观和价值观。大学生出现了价值观念偏移、道德社会化扭曲、功利主义盛行的倾向，个人主义得到张扬的同时出现自我异化倾向，并带有浓重的个性色彩和随意性。

2. 理想信仰危机

大学生在理想选择上存在着困惑与迷茫。我国社会转型所产生的一些问题和矛盾对当代大学生的理想信仰带来了冲击。社会的转型带来诸多新问题、新矛盾，人们的价值观念趋向于多元化，面对价值选择的多样性，对于社会阅历浅、判断和抉择能力受到限制的大学生来说，一些大学生难免会陷入理想选择的困境。在价值多元化环境下，旧的价值观念部分地失去了示范作用，而新的价值体系又未形成，价值判断的矛盾性，价值评价标准的混乱状况，就会使许多大学生在选择他们的人生之路、确立他们的理想时感到困惑与迷茫。他们在接受了社会主义价值观的教育的同时，又受到市场经济浪潮的冲击和西方资本主义价值观的影响；既渴望实现自我价值，施展自己的才能，以得到社会的认可，但是又看到了社会的一些黑暗面，对自己未来的前途感到渺茫。一些大学生的大学生活与他们之前想象的存在着不一致，他们在步入大学校园后，发现真实的大学生活与他们所认为的完全不一样，一些人会感到失落甚至沮丧。大学生从书本、课堂及多种宣传媒介中学到了社会理想信念的基本内容。但当他们走向社会，听到和看到的大量实际现象与他们所学的东西不相符，甚至是相悖的，从而使他们怀疑、嘲弄或放弃自己所学的内容，致使当代大学生的社会理想信念经常处于“流动状态”。在现实中，一些大学生意志不坚定，不够坚强，在成长的过程中遇到困难挫折时就退缩了，在崇高的人生理想与多变的现实生活之间往往缺乏必要的理论修养和实践体验，导致了理想与行动之间的脱节，不能用理想的目标来指导实践。

3. 伦理观歪曲

大学生涉世不深，处于伦理观的成型阶段，缺乏相应的分辨是非善恶的能力，孰是孰非、孰真孰假一时难以判断。在当今复杂的社会环境中，一些社会现象以不健康的、商业利润的、不符合伦理道德观的要求来传递思想时，势必会影响青少年大学生正确伦理观的养成，引发大学生道德行为失范。他们会模仿影视剧中不健康的讲话方式、行为方式，在公共场所，一些大学生公共礼仪缺失，乱扔果皮纸屑，出口粗言脏话，更甚者是偷盗赌博、聚众斗殴等。是非不分、颠倒黑白的错误价值、庸俗文化超越了大学生的道德底线，导致了大学生的道德沦丧，容易产生道德相对主义甚至道德虚无主义。

4. 审美观异化

在当今浮躁的社会中，审美趣味一味朝“娱乐化”方向发展，越是“俗”的东西越能得到人们的青睐。“美”从理想精神的高峰回到了人世生活的享乐之中。人们应该有的思考被“快乐”的享受所代替。俗的东西经过广泛的传播，会拉低、扭曲人们的价值观，会冲破社会道德底线。低俗化的快乐对一些大学生产生了消极、负面的影响，知性美感荡然无存，娱乐功能过分夸大，人们只有感官上的放松，精神上得不到一点收获，导致了一些大学生逐步丧失对精神感召的渴望而仅仅迷恋于外在的感官刺激，快感取代了理性。一些大学生的审美情趣变得低俗，古典、严肃的文学艺术受到冷落，庸俗浅薄的文学作品在青少年中流行，网络小说、偶像剧成为时尚。他们不再崇尚含蓄质朴，而是推崇享乐主义、物质主义、颓废主义。现代社会，人们对“美”的定义有了不同的看法。我们不乏看到一些年轻人着装怪异、举止夸张，他们认为越是另类就越是美。一些大学生被以颠覆传统观念的“畸形美感”误导，其审美观已经错位，走向了世俗化、功利化甚至庸俗化，一些大学生忽视了内在精神美的追求，致使其审美品位降低、审美情趣低下。他们丧失了自我判断能力，成了受他人支配和控制的人。青少年大学生正确的审美观应该是以“真”为美、以“善”为美、以“内外和谐”为美。

5. 社会政治意识淡化

在全球化的时代背景和改革开放的国内环境下，西方国家的意识形态、文化思潮进入我国的思想领域、文化领域。青年大学生更是对西方文化热衷。美国的摇滚音乐和好莱坞大片在大学生中都有较大的影响。青年大学生更乐于过西方的洋节日，相比之下，我国传统的节日却被冷落了。西方文化绝不仅仅是一个地理位置上的含义，这些文化不能不打上那个社会占统治地位的意识形态的烙印，在本质上它所反映的绝不是主流文化所倡导的科学的价值观、人生观。大学生则很容易在这一片歌舞升平中丧失自己的政治警惕性，毫不设防地接受这些文化中的消极影响，由浅层次审美文化上的认同，发展成为深层次政治上的认同，丧失民族自尊心、自豪感，逐渐失去共产主义的远大理想，失去崇高的信仰。此外，大学生由于受到西方国家所谓的民主、人权思想的影响，会盲目追求绝对的自由与民主，则有可能使个人主义、无政府主义重新抬头。

6. 社会责任感淡化

社会责任感是人们对社会责任的一种强烈的自觉意识与崇

高的意志、态度，是与人的理想、志向与价值观高度统一的，是为祖国和为人民服务的一种巨大的驱动力。在当今社会的“花花世界”中，一些大学生只注重感官的享乐，他们认为大学的学业只要应付过去就行了，他们为了娱乐而娱乐，学习成了沉重的负担，忘记了自己的社会角色，没有去思考深层次的社会问题、民生问题，没有去“仰望星空”，甚至连脚下的事情也不去关注，只是沉溺于无休止、无意义的享乐中，丢弃了对家庭和社会的责任，失去了人生前进的动力，缺乏理想追求，缺乏远大志向，淡化了对社会的责任感和使命感。

第二章　新时期大学生思想道德教育的基础理论分析

大学生思想道德教育是建立在坚实的理论基础与理论指导之上的，马克思关于人的全面发展理论、我国传统道德教育思想、西方国家思想道德教育理念以及思想道德相关理论等内容都是我国大学生思想道德教育的重要理论基础，对我国学生思想道德教育具有重要的指导与借鉴意义。

第一节　马克思的人的全面发展理论

马克思非常注重对人的本性的探索，人的发展问题与马克思哲学体系紧密相关，马克思关于人的发展的思想具有一定的体系性。马克思对人的全面发展的相关论述，对我们今天的研究有重大指导意义。

一、马克思的人的全面发展理论的主要观点

（一）人的发展

关于人的发展，马克思早期就已经进行了相关理论的论述，比如人的本质、人的特性、人的属性的问题。马克思说，人的本质就在于人的自由活动，人生来就是自由的，自由是人类的基本特质之一。例如，马克思曾说，“在野蛮时代的低级阶段，人类的较高的属性便已开始发展起来了。个人的尊严、口才、宗教感情、正直、刚毅和勇敢这时已成为性格的一般特点，但同时也表现出残

忍、诡诈和狂热”[①]。因此，马克思认同人的本性是不断发展的，但是人的某些属性是固定的。

在关于人的发展，马克思对此十分重视，并且进行了深入研究。在马克思看来，人的发展的内容并不是随意选取的，而是因为人们的现实需要以及提升自己的渴望倾向决定的。有需求人们才会产生动力，在人具备了一定的需要后，才会获得发展的动力，才会使自身得到发展。

马克思指出，在人类的起始阶段人们首先解决的是物质生活问题和生存问题，由于生产力发展水平的限制，这一时期人的物质生活资料十分的短缺，人类面临的最重要的问题就是获取足够的生存物资。随着生产力的发展和生产水平的进步，人类通过自己劳动获取的物质资料在满足人类生存的基础之上，开始出现剩余，这时人的其他需求开始出现，尤其是精神需求与满足成为人追求的一个重要目标。马克思认为人只有在物质需要和精神需要都得到满足的时候，才算是得到了全面的发展，人才称得上是真正的人。

在社会主义社会形态下，我们向往和所追求的是这样一个社会（人类社会发展的第三种形态），人的需要实行“按需分配”原则，人的物质和精神方面得到充分发展，即最终实现共产主义。大学生个人素质的提升，以及思想道德的培育，都应该紧紧围绕建设社会主义这个核心追求来进行，这样做符合历史发展的规律和时代的潮流。

（二）人的全面发展思想

在马克思看来，人的全面发展是所有属性与素质的综合进步，而不是某一项特长的进步，马克思曾经说过，“人以一种全面的方式，就是说，作为一个总体的人，占有自己的全面的本质”。从人类的特点来看，有思想、有意识、有需求的人是一种各种复杂

① 马克思恩格斯全集（第45卷）．北京：人民出版社，1985，第384页

因素结合在一起的综合体，人性和人的需要具有多样性的特点，正是这种多样性使人的活动呈现出多样性，使人对自己的发展具有强烈的全面性的诉求。人要获得适应环境变化发展的能力，人的能力要不断提升。正如恩格斯在《反杜林论》以及《社会主义从空想到科学的发展》中提出的人的发展要“适应于不断变动的劳动需求”。

在马克思看来，人的全面发展包含多个方面的发展，比如人的个性自由，人的性格、智慧、情感等特质的发展等。人必须能自己自由地支配自己，有自己独立的思想意识和做人的理念，对于不同的认识，应该秉持敢于怀疑的态度。从人的特质来看，人的精神自由是人的全面发展的重要方面，精神属性不健全的人不能称之为一个全面发展的人。从马克思主义的相关理论来看，在资本主义条件下，人的个性实际上是被泯灭了。

生产力的发展推动了社会的发展，同时也为人的各种潜能和天赋的发挥提供了足够的物质条件和物质基础。从历史发展的角度来看，旧的分工体系对人类的全面发展有着严重的束缚和限制，想要获得全面、健康的发展，人类只有从原有的社会体制和分工模式下解放出来，才能突破束缚实现自身的全面发展。每个人在生来都不是尽善尽美的，后天的学习不断地丰富自己的知识结构，提高自己的个人认识。

天赋是隐藏在人的内在身体里面的，不挖掘可能永远都难以被发掘，天赋与其他的特征同时获得发展，这是人全面发展的必备条件。需要我们注意的是，人的天赋是有差异的，天赋的差异是造成人的片面发展的原因之一，马克思认同这种差异性，天赋的差异性影响着人的后天的发展。

所以说，人的发展必然包含了人的天赋的发展，天赋的充分发展带来了人的全面发展。但是我们也要注意这样一个事实，即即使天赋有缺陷，我们也不必灰心，因为我们可以通过后天的发展来弥补这种缺陷，人的能力的差异完全可以通过后天的发展来消除。

(三)人的自由全面发展思想

马克思认为,在消灭资本主义生产关系的前提下,最终实现人的发展,要实现这样的发展状态:“代替那存在着阶级和阶级对立的资产阶级旧社会的,将是这样一个联合体,在那里,每个人的自由发展是一切人的自由发展的条件。”关于马克思的这句话,我们可以从三个方面来理解。

第一,只有每个人的潜能和自身特质都得到了全面自由的发展,我们才能说这个人的潜能被最大程度地挖掘了,从这个意义上来说,促进人的全面自由发展对其能够取得成就及其所能达到的人生上限具有重要的意义。在资本社会,金钱是衡量一切价值的标准,如果没有足够的财力,那么等于在不平等的游戏规则下与其他人竞争,多数人会因此成为牺牲品。

第二,每个人都有自己独立的思想,都有自己特有的个性。我们前面已经提到过,人性无论是在其内容上还是在每个人身上都有着不同的体现和差异。正是这些丰富多彩的个体,构成了丰富多彩人类社会,人类社会的丰富多彩取决于每个个体能否得到全面自由的发展,彰显自己的个性。由此,我们得出这样的结论:个人的发展是以自身为主体的自觉、自愿、自主的发展。

第三,人的本质和人的特征是人真正获得发展的重要方面。人的最基本的生存需要首先要得到发展,人的生存需要发展并不是人的自由发展,人只有充分发扬自己的个性,享受自己的生活,才能自由发展。

人的自由和解放的最高境界是人的自由的充分实现和人类天性的彻底解放,同时这也标志着人类社会形态的进步。从人的发展的角度来看,社会发展的最终目的和最终归宿必然是每个社会成员都能按照自己的意愿自由、全面发展自己的能力。从原始社会开始人就是一种集体性很强的物种,毫不夸张地说任何人离开群体后都难以维持自己的生存和发展,群体是每个成员最基本的生存和发展依靠。

每个社会都有其社会关系和社会制度，不同的社会制度对社会成员以及社会的进步具有不同的影响与作用，并且先进的社会制度和生产关系必将随着时间的发展而逐渐取代旧的、落后的社会制度，比如资本主义取代封建主义。从历史上来看，只有社会获得解放，人的潜能才能得到最好的开发与利用。

二、马克思关于人的全面发展的科学内涵

人的全面发展理论是马克思主义学说的重要组成部分，是学说的核心理论，马克思主义所有的学说和理论，归结到一点就是实现人的自由和解放，促进人的自由全面发展。马克思主义人的全面发展理论有着十分丰富的内涵。正确认识和梳理人的全面发展的科学内涵，是我们推动实现当代大学生全面发展的基本前提。

（一）人的全面发展是指劳动能力的全面发展

马克思在《1844 年经济学哲学手稿》中指出："劳动这种生命活动、这种生产生活本身对人来说不过是满足他的需要即维持肉体生存的需要的手段。而生产生活就是类生活。这是产生生命的生活。一个种的全部特性、种的类特性就在于生命活动的性质，而人的类特性恰恰就是自由的有意识的活动。生活本身仅仅成为生活的手段。"从马克思主义的描述中我们可看出，人的类特性，并且大多数来自于自身的自觉性和悟性。劳动是一件神圣而光荣的任务，人类的各种实践活动就是通过劳动最终实现的。因此，我们可以说如果人的劳动能力被削弱，那么其社会实践活动就会进行不下去，自由发展自身素质的愿望就会落空，人发展也会受到束缚很难达到其应有的高度。

（二）人的全面发展是人的需要的全面发展和极大满足

在马克思看来，正是人的需要的发展和需要的不断满足推动

着人类和人类社会的文明进步。人的需要是人的意识活动及其他行为活动的内在动力。人的需要是多样的和多层次的，不仅有物质需要，还有精神需要，精神需要中又有发展需要、自我实现的需要等。人们总是在旧的需要得以满足的基础上产生新的需要，从而推动各项事业的发展。

马克思指出，人的需要的发展证明了人的本质力量和人的本质的充实。人的需要具有层次性，需要形式的日渐多样，以及需要的不断得以满足，推动着人的全面发展，进而推动人类社会的全面进步。

（三）人的全面发展是指人的社会关系的全面发展

人的本质属性是社会性。人是处于社会关系中的人。人的发展与其社会关系紧密相连。马克思在《关于费尔巴哈的提纲》中指出："人的本质不是单个人所固有的抽象物，在其现实性上，它是一切社会关系的总和。"人总是社会的人，总是在一定的社会关系中生存和发展。任何一个人的能力的形成、发展和完善，都离不开特定的社会关系。由此，马克思指出："社会关系实际上决定着一个人能够发展到什么程度。"人的社会关系的发展，是个人形成的社会关系日益普遍化、全面化的过程。每个人都有自己的社会圈，每个人每天都在同他人交往着，只有在同他人交往的过程中，人才能发展，所以说，个人的发展通常取决于与他发生交往的人。一个人的社会交往程度越高，社会关系越丰富，他的视野就会越开阔，获取的信息、知识、技能、经验就越多，能力的发展就越快，进步就越全面、越迅速。

（四）人的全面发展是人的个性的自由发展

马克思关于人的发展阶段的认识独具特色，从阶段的划分来看，主要可以分为三个阶段。

第一个阶段，是人对人的依赖，人的个性被淹没在依赖性的畸形人际关系之中。

第二个阶段，在对物的依赖的基础上人的独立性有所发展，人的个性有所表现。

第三个阶段，即自由个性的阶段，生产力高度发展，社会财富极大丰富，人们才注重追求个性的自由发展，该阶段被称为“自由人的联合体”阶段。

人的个性的自由发展程度，是人的全面发展的综合表现。人的全面发展，以人的个性的自由全面发展为基点，而人的个性的自由全面发展的程度，代表了人的全面发展的优劣。

三、当代大学生全面发展的本质规定

重视大学生的全面发展，重视教育事业的发展，重视对青年人的培育，与时俱进，根据时代的变化及时拓展大学生全面发展的内涵，是我们党的一个优良传统。毛泽东、邓小平、江泽民都对马克思主义关于人的全面发展的理论进行过深入的探讨。

当代大学生的全面发展，核心在于其综合素质的全面发展。当代大学生综合素质的三个有机组成部分是思想道德素质、科学文化素质和身心健康素质。其中，思想道德素质是素质教育的灵魂；科学文化素质是关键，是大学生成才的基石；而身心健康素质是大学生培养思想道德素质和科学文化素质的基础和前提，是成就人才的根基。因而，大学生的全面发展，必然是大学生思想道德素质、科学文化素质和身心健康素质的全面、协调、可持续发展。

第二节　西方国家思想道德教育理论

西方的现代思想道德教育思想理论起步比我国早，发展也相对比较成熟，充分了解西方思想道德教育理论能对我国的思想道德教育提供一定的借鉴。当然，基于国情和社会制度的差别，我们在吸收西方思想道德教育理论时应该有所侧重、有所舍弃，对

适于我国思想道德教育的有益之处进行充分的吸收。

一、当代西方多元文化主义教育思想

“多元文化教育理念兼容并蓄，坚持平等原则，坚持民主和文化随机论，并在现实考验下，提供合理的课程选择、实践选择和价值选择，使文化在自我冲突与融合中寻求新的‘耐受模式’。”①

（一）当代西方多元文化主义教育思想的阐述

多元文化主义的教育思想产生于20世纪前期，1924年，美国学者卡伦首次提出“文化多元主义”这一基本概念，并在《美国文化与民主》一书中提出了，“文化多元论真正体现美国自由、民主、平等精神”这一论调。这一观点提出后，得到社会各界认识的普遍认可，如舆论学家沃尔特·李普曼和V.W.布鲁克斯等人都在公开场合表示对“多元文化主义”的支持。但是也有一部分文化学者持反对意见，他们认为美国只是一个政治实体，美国的文化群体包括不同民族、不同种族，他们有各自独特的文化，各个民族都应该尊重彼此之间的文化与生活习惯，但是在事实上却并非如此，文化多元主义可能会加剧美国的种族间的分裂。

多元文化教育成为一种社会理念后，与美国高校教育思想的结合有着特定的历史背景：首先，平等的承诺与现实境遇相悖引发的民权运动为其奠定了政治基础；其次，教育机会均等与贫富差距扩大的反差，激发了少数族裔、贫困学生追求缩小差异的愿望；再次，大学教育异化促使了新思想、新观念在校园里萌生；最后，主流文化影响力的日渐式微推动着多元文化教育在反思与批判中崛起。

随着经济和社会的发展，人们的思想观念发生了很大的变化，当今的社会条件下，“多元文化主义”注重用文化的视野来审

① 张毅翔．当代西方思想道德教育方法及其启示．思想教育研究，2011(8)

视各种族的归属性，以及种族归属性与美国归属性的关系。通俗地来说就是，多元文化主义的侧重点成了如何妥善解决“一元”与“多元”的关系，这也是当今“多元文化主义”最重要的历史使命。在某种程度上来说，“多元文化主义”已经超出了其作为一种意识形态本身的功能，发展成为一种社会运动，并且在长期的发展中已经整合了各种弱势群体。

我们也可以将当代多元文化主义看作一种文化批评理论。多元文化主义是一种包容性极强的文化与社会发展理论，它承认文化的多元性，承认文化间的平等地位和彼此之间相互影响的内在关系，对西方文明在思维方式和话语方面的垄断地位进行了批判。当代多元文化主义是冷战后新世界秩序的理论，打破了长久以来的文化交往束缚，对经济和文化的发展起到了积极的作用。

（二）当代西方多元文化主义教育思想对我国大学生思想道德教育的启示

多元文化教育理念的主要要求：第一，将各种不同的文化视为学习资源；第二，尊重地方、国家和国际的多元差异性；第三，尊重社会经济背景不同、专业不同、性别和宗教信仰不同所形成的差异；第四，了解自身的文化遗产以及每种文化的优越性，禁止文化优劣论的传播；第五，沟通与分析是多元文化教育的必备技巧；第六，多元文化局限于理论研究的层面，难以取得效果，必须依靠自身的感受去体验。

多元文化教育理念不只是一套教育方案，它更多地表现在教学过程中学生可以从文化异同比较中获得真实经验的感受，并且能够在文化的冲突与融合中发挥重要的作用。多元文化教育理念与制度化设置的管理体系的强烈的刚性和惩罚有很大的不同，它与文化本身的软性教化过程相适应，具有比较大的弹性。在多元文化教育的背景下，现代高校文化建构的作用将得到加强，逐渐成为思想道德教育的重要指导理论。

多元文化教育思想的兴起对于西方社会来说是一个巨大的进步，因为它为西方社会不同文化群体之间的平等和睦相处提供了可能。但是,并不能因此而肯定文化价值追求的多样性而带来的价值观的多元化,如果处理不得当,很可能会造成相反的结果,造成文化价值观的冲突以及社会道德共识的丧失。在西方社会不同的文化群体都具有自身价值体系,学校要推行道德教育,面对的第一个问题便是:以“何种价值”,“教谁之道德”?从本质上来看,这个问题是在一个文化多元、价值多元的社会中,是否还可能存在为不同的文化族群所普遍共享的价值观念。

二、西方隐性渗透的德育思想

(一)西方隐性渗透的德育思想概述

第二次世界大战后,西方发达国家经过大量研究总结出了思想道德教育一般规律,创新出以隐性渗透为特征的思想道德教育方法,取得了比较好的效果。

1. 教育合力的渗透与熔铸

西方各国在组织实施思想道德教育的共同特点是注重家庭、学校、社会的相互配合,形成辐射全社会的全方位思想道德教育网。美国有学者认为“公民接受教育来自许多主体,包括来自家长、同伴、兄弟姐妹、朋友等,公民接受教育的机构也很多,包括家庭、教堂、图书馆、夏令营、慈善组织、农村集市、住宅区、工厂、广播电台和电视网等。社会作为一个整体有着多种教育资源,它们共同作用于受教育者,使他们接受思想教育。”[①]也有学者总结苏格兰道德教育的基本经验之一是重视社会参与。例如,“在对学生进行公民教育时,是基于课堂传统的主体框架之外,处于中等教育一年级的学生脱离了正常的 12 天的上课时间表而参与一系列丰富的任务和体验,包括发展公众活动的文化参观、推动研习

① 单中惠. 西方教育学名著提要. 南昌:江西人民出版社,2000,第 689 页

会等，每次体验都有相应的公共部门组织和参与。”①

2. 自我组织及自我管理

西方国家十分注重民间组织对学生的教育导向作用，他们对政府教育并不是十分信任，而认为民间组织能够很好地避免政府灌输教育的直接性和说教性，因此民间组织的教育反而更容易使公民自发接受教育并形成自我约束。西方关于民间组织教育的理论认为公民社会中公民组织的自治性可以促使公民参与治理，而使得统治更加透明，也更具正当性和民主精神。

从西方社会发展的历史来看，公民组织的自治性、自发性、自主性，一直是公民社会的核心理念与价值。西方国家的“民间组织注重激发公民个人的主体能动性，在方法上，较为关注教育在发展人的情感、兴趣、个性、创造性等方面的作用，提倡采用灵活多样的教学形式与方法使学生‘自由地’发展，反对当时习以为常的对学生的体罚。”②

3. 道德教育资源整合渗透

美国教育心理学家威特(Witrock. Merlin. C)认为隐性课程是“指这样一些教育实践及成果，它们在学校政策、课程计划上并没有明确规定，然而又是学校经验中常规的、有效的一部分，它也许被看作是泛泛而随意的，隐含的或根本不被承认的。”③隐性课程主要有三种，“第一种是作为专门学科存在的德育课程与教学中存在的非预期的教育影响；第二种是各科课程及教学存在的不自觉和非预期的德育影响；第三种是德育的活动课程中隐含的与现在目标不一致的德育影响。”④西方国家将思想道德教育渗透于

① “全球化语境中的价值观教育”国际烟头会论文集．北京大学经济社会与文化中心，2010，第 18－163 页

② 吴式颖．外国教育思想通史(第 10 卷)．长沙：湖南教育出版社，2005，第 131 页

③ 江山野．简明国际教育百科全书：课程．北京：教育科学出版社，1991，第 92 页

④ 檀传宝．学校道德教育原理．北京：教育科学出版社，2005，第 142 页

各学科的教学环节中,“对每一门主修专业,都要从历史、社会、伦理学的角度学习研究,要求学生对任何一门课程的学习都要回答三个问题:这个领域的历史和传统是什么?它所涉及的社会和经济的问题是什么?要面对哪些伦理和道德问题?”[①]在苏格兰,公民教育能够渗透到学校所有科目的课程中。

4. 一种新型的隐性渗透方式

很多西方学者都有这样一个认识,即严肃游戏并非简单的消遣娱乐的数字游戏,它能使参与者学到平时很难接触到的知识,使其在经历那些不可能的场景时更加自如。在这种社会意识的催生下,严肃游戏逐渐产生,自 20 世纪 90 年代经过多次测试,随着 2002 年美国军方发行录像游戏“美国军队”,严肃游戏掀起研究高潮,严肃游戏开始普及。在开发严肃游戏过程中,西方国家将可以游戏化的学习内容、理念、模型引入已有的游戏,这不是对教学过程的普通装饰,而是使其在具备娱乐性的同时更具备隐蔽性和渗透性,从而达到更好的教育效果。目前,严肃游戏的应用已经比较普遍,高校教学领域已经开始涉猎这一领域,“在高等教育方面,与军方组织的原因一样,国外高等教育机构把严肃游戏运用到各种各样的教学中去,如:为心理学专业的学生演示各种各样神经疾病的状态”[②]。严肃游戏通过模拟创造仿真的教学环境,激发学生的学习兴趣,调动他们的学习积极性,成为一种重要的教育手段。

(二)西方隐性渗透德育思想对我国大学生思想道德教育的启示

1. 尊重受教育者的主体地位

生产力的发展使人们的思维方式、价值追求以及活动方式发

① 谢雪. 中美大学德育的比较. 教育探索,2002(8)
② 曾凡颖. 戏在中国. 科技智囊,2010(5)

生了深刻变化，最突出的就是人们的主体性明显增强。在大学生思想道德教育理念上，我们也应该充分尊重时代发展的潮流强化“以人为本”意识，增强大学生的主体性教育。

大学生思想道德教育坚持“以人为本”，主要表现在教育者对大学生主体性地位的承认和尊重。思想道德教育坚持“以人为本”的基本要求是明确主体、客体双方的身份问题。作为受教育客体的“人”，他们同时具有特殊的主体性，而不是被动的客体，在某些情况下他们甚至可以充当思想道德教育的主体。受教育者的主体性是受教育者自觉主动认同教育目标和教育要求，独立做出判断和选择，自觉调节行为，并在实践中完善自身品德，丰富和发展社会道德规范的自主性、能动性和创造性。

大学生思想道德教育方法坚持“以人为本”，表现为教育者注重对受教育者的积极引导，强化自我教育，发挥受教育者自我教育的主体性。随着人们改造客观世界的实践活动的深入和对客观规律把握的日渐深刻，人们会自动将自己的行为置于规律的约束之下。“人们周围的、至今统治着人们的生活条件，现在受人们的支配和控制，人们第一次成为自然界的自觉的和真正的主人，因为他们已经成为自身的社会结合的主人。”①

2. 环境资源的开发、利用与渗透

隐性教育是教育者借用现代心理学知识，通过创造各种条件使受教育者进入“无意识”境界，在不知不觉、无意识中接受思想道德教育。我国大学生思想道德教育特别注重使用显性方法，这种正面的显性教育方法虽然具有一定的优势，但也存在很多弊端，尤其是对主体意识较强的受教育者，主动教育已开始引起他们的反感。对此，我们可以借鉴西方国家“渗透性”、“隐蔽性”的思想道德教育方式。

① 马克思恩格斯全集(第3卷). 北京：人民出版社，1960，第234—633页

隐性教育的开发和实践符合马克思主义环境观。“有一种唯物主义学说,认为人是环境和教育的产物,因而认为改变了的人是另一种环境和改变了的教育的产物——这种学说忘记了:环境是由人来改变的……环境的改变和人的活动或自我改变的一致,只能被看作是合理地理解为革命的实践”。[①] 无产者“非常清楚地知道:只有改变了环境,他们才会不再是‘旧人’,因此他们一有机会就坚决地去改变这种环境”[②]。“物质环境一般以具体的物质形态去感染人、引导人、启发人。精神环境一般以精神因素激励人、陶冶人、教育人。”[③]思想道德教育开发、利用物质环境和精神环境中蕴涵的教育资源,有效地感染熏陶人们的思想品德。

3. 形成教育合力

西方发达国家进行思想道德教育重视充分发挥各种教育主体的作用,家庭、学校和社会都承担起各自的思想教育职责,使思想教育社会化、综合化和系统化。我们应当借鉴这种综合教育方法,调动一切因素和手段,充分利用家庭、学校、社会团体等教育资源,注重营造思想道德教育氛围,调动全社会共同参与。

思想道德教育综合方法的应用具有深刻的社会背景,即综合发展的社会环境从不同层面影响人们的价值观念、思想观念和行为方式的积极反应。“社会经济、政治、文化、科技等方面出现的这些变化,深刻地影响到当代中国人的发展。”“社会综合化发展决定人的发展的多样化,决定人的发展的个性化、特色化。”[④]这些综合化、多样化、个性化的丰富图景,构成了大学生思想道德教育方法发展的时代背景,决定了大学生思想道德教育应使用综合性方法。

---

① 马克思恩格斯选集(第1卷). 北京:人民出版社,1995,第55-239页

② 马克思恩格斯全集(第3卷). 北京:人民出版社,1960,第234-633页

③ 张耀灿. 思想道德教育学原理. 北京:高等教育出版社,1999,第148页

④ 万美容. 论思想道德教育方法发展的综合化趋势. 思想理论教育,2008(11)

第三节　中国传统优秀道德教育理论

传统文化是中国古圣先贤几千年经验、智慧的结晶，其核心就是道德教育。它主张有道德的生活才是真正正常、幸福的生活，在长期的发展过程中，形成了独特的理论体系和特点，充分理解、承继和发扬这些优秀传统道德，是发展当代思想道德教育的重要内容。

一、先秦时期我国优秀道德理论

（一）先秦时期我国主要的思想流派

殷商时期，我国的奴隶主阶级为了巩固自己的统治，开始以理论的形式研究道德现象。周公创立的以“孝”为核心的宗法政治伦理思想体系，对我国之后“孝”道文化的发展起到奠基作用，周公所创立的“孝”文化的核心是“父慈、子孝、兄友、弟恭”，以此为基础还提出了“修德配命”“敬德保民”的德政要求。

春秋战国是我国历史上最为动荡的一个历史时期，正是这种动荡孕育了伟大的社会变革，促成了我国文化、科技以及哲学思想的“大繁荣”“百家争鸣”的文化盛况在今后的历史中再也没有出现过。

1. 儒家思想

儒家的创始人孔子，因为大部分儒家思想都是以孔子的理论认识为基础发展形成的，并且孔子的学说奠定了封建地主阶级伦理学的基础。孔子的思想以“仁”为核心，经过其弟子与后人的传承与发展，成了封建阶级进行统治的理论基础，并逐渐成为我国传统文化的重要组成部分。

孟轲和荀况是儒家思想的集成者、发扬者，他们在研究了孔子基础理论之后，从新的角度对孔子的思想进行了阐述，完善了儒家思想。先秦儒家思想以仁为核心，主张德治，缺点是过分夸大道德的作用，但是它在道德规范、道德范畴、善恶评价、道德修养等问题上的论述至今对我们仍然有启发意义。

2. 墨家思想

墨家思想是先秦时期重要的一个思想流派，它的创立者是墨子，墨家思想主张是维护小生产者，特别是小手工业者和平民的利益，墨家思想的核心是“兼爱”与“非攻”。不同于传统的宗亲礼法制度，墨子主张废除亲疏有别的宗法道德，并提出社会交往应主张以利人为根本，这一主张体现出了墨家思想贵义尚利的功利主义特点。

3. 道家思想

道家学派以老子、庄子为代表，与儒家、墨家不同的是，他们主张效法自然，强调避世，反对世俗的道德规范和道德原则，采取了脱离人类社会生活的非道德主义态度。当然，道家超世脱俗的人生追求对后世也产生了较大的影响。

4. 法家思想

法家思想曾一度成为封建社会的统治思想，从特点上来看法家思想可以分为前期和后期。前期法家在提倡以法治国的同时，还要坚持德治，这一时期法家思想的代表人物是管子；后期法家的代表人物是韩非子，他的主张比较激进，如“以法代德”，其实质就是否定道德在社会生活中的作用。

先秦时期的道德伦理思想是中国传统道德的奠基时代。这一时期的思想家特别是儒家学派的道德思想一直是后来道德学家伦理思想的出发点和前提条件，以致使儒家伦理思想发展完善成为在封建社会统治阶级中占居主导地位的道德学说。

(二)孔子的道德教育思想

孔子的道德教育思想在我国思想发展史上有着重要的地位,"有教无类"的教育思想始终闪耀着灿烂光辉。在教育理论和教育实践中,孔子将德育作为教育的基础,主张"德教为先、教而后刑",并以此为基础构建出"仁德"学说。总结起来,孔子的德育思想主要包括以下三个方面。

1. 德教为先、教而后刑

孔子非常重视人的道德素质的培养,将道德教育放在人的首要位置。孔子认为,"君子怀德",即一个人要成为贤者、君子,首先必须应具有高尚的道德品质,道德教育是教育之"本",相对于知识教育,道德教育显得更为重要,应放在第一位。

在教育实践中,孔子提出了具体的培养目标和道德教育的任务,那就是培养"仁智统一"而"内圣外王"的圣贤人格,即孔子所向往的高尚人格,是"圣人""贤人""志士""仁人""君子"等。其中,"圣人"居于最高层次,"君子"居于较低层次。

孔子对君子的道德标准具体可归纳为以下五个方面:君子必须具备"仁德";君子和而不同;君子"达"而"闻";君子自己要行为端正;君子要"修己""安人""安百姓"。

2. 仁德学说、知情意行

孔子为了实现"道之以德",在道德教育内容方面进行了总体设计,创造性地提出了仁德学说,并认为"仁"是最高德目,只有符合"仁"的行为才是道德的行为。孔子的仁德学说是以"仁"为核心内容的道德教育体系,"仁"是众德之总,其心理内容是"爱人",其基本要求是"义"与"礼",其践行纲要是"孝悌"。

"仁"的核心是"爱人"。孔子认为,仁者爱人,有仁德的人对别人要富于爱心,所爱之人不仅包括自己的亲人,而且也包括非亲非故的其他人,即要"泛爱众"。

“义”与“礼”是“仁”的基本要求。“义”与“礼”都是仅次于“仁”的重要德目。孔子曰:“君子义以为质,礼以行之。”[①]这里告诉我们,“义”是君子应具备的内在素质而通过“礼”去施行它。所以,做到了“礼”,也就体现了“义”。

“孝悌”是“仁”的日常行为的行为纲要。在孔子看来,只有先做好孝敬父母、友爱兄弟,然后才有可能关爱他人。

孔子认识到道德品质的形成和培养具有过程性,需要经历知、情、意、行四个相互联系的阶段。

知为先。孔子把道德认知看作是道德教育的基础,提出“未知,焉得仁?”[②]孔子认为“知”是实现“仁”的条件。他认为道德是“知”,“有德者必有言”[③],要求学生“知德”“知仁”“学道”“适道”。

情其后。孔子认为道德情感是伴随道德认知过程而产生的一种内心体验。孔子特别重视从改变情绪和陶冶精神入手来激发学生的道德情感。

立志有恒。孔子极其重视道德意志的培养,认为志向、信念、恒心直接关系到道德行为的生成和持久。他提出“三军可夺帅也,匹夫不可夺志也”[④]。

行比言重要。孔子认为行重于言,格外注重学生道德行为的训练和道德习惯的养成。孔子强调“行”是一切道德认知和道德情感信念的依归和最终指向,是德育的最终目标,也是德育对象道德形成的最高表现。

3. 修身为本、因材施教

(1)身教重于言传

孔子在教育学生的实践过程中,非常注意自己的言行。孔子

① 论语·卫灵公
② 论语·公冶长
③ 论语·述而
④ 论语·子罕

说:“其身正,不令而行;其身不正,虽令不从。”[①]“苟正其身矣,于从政乎何有? 不能正其身,如正人何?”[②]从这话语中我们可以看出孔子主张教学要以身作则并不是说给人听的,而是要切实践行的。“君子之德风。小人之德草,草上之风,必偃。”[③]孔子强调榜样的示范作用是无可替代的,身教永远重于言教。

(2)修身为本

孔子认为,身教大于言传,想要对学生的行为进行引导,老师自身的修养也十分重要。围绕这一主张,孔子提出了一系列的修身方法,主要有以下几个。

第一,学思并重。在修身中,“学”和“思”是孔子十分注重的两个方面,他主张应该将“学”与“思”结合起来,如“学而不思则罔,思而不学则殆”[④],只有二者并用才能达到良好的修身效果。

第二,克己与内省。反省是一个自我提升的内在过程,也是一种道德体验,作为道德生活的参与者,自然会不可避免地体验生活中的道德现象与道德行为,并且会对道德生活产生一定的感悟。孔子十分重视道德主体心性修养,而这种修养主要通过反省内求实现,并且只有通过自我努力才能形成道德修养提升的内在推动力。

第三,推己及人。孔子在道德教育中提倡忠恕之道,即尽己之心以待人和推己之心以及人,所谓“己欲立而立人,己欲达而达人”[⑤]。人心是相同的,己所不欲,勿施于人。

第四,慎言而敏行。孔子指出:“敏于事而慎于言”[⑥]、“讷于言而敏于行”[⑦],以至“言中伦,行中虑”。孔子教育人们要少说空话,多干实事,努力将道德行为准则付诸实践。

---

① 论语·子路
② 同上
③ 论语·颜渊
④ 论语·为政
⑤ 论语·雍也
⑥ 论语·里仁
⑦ 同上

(3)因材施教

孔子因材施教的主张主要有两层含义:第一是针对不同的教育对象注入不同的教育内容;第二是针对不同的教育对象,施行不同的德育。每个人的个性、经历以及对知识的敏感程度都不相同,不同性格以及智力水平的人需要不同的教学方法才能获得良好的效果。

(4)寓教于乐

孔子认为,诗歌、音乐等对人有陶冶情操的作用。所以孔子提倡用诗歌、音乐来陶冶学生的性情,认为艺术与精神是相互影响的,诗歌、音乐对人精神的丰富和品格的形成、完善具有寓教于乐的教化作用,如他指出“兴于诗,立于礼,成于乐”①。

(5)启发诱导

孔子反对单纯说教的教育方法,他认为只有激发学生的学习欲望才能让他们真正地学到知识。孔子主张采用启发诱导,循循善诱的方法,强调“不愤不启,不悱不发,举一隅不以三隅反,则不复也”②。

启发诱导反映到现代教育实践中也具有很高的应用价值,在教学过程中避免“填鸭式”的内容灌输,而是通过学习内同的趣味性、教学手段的合理应用以及对学生心理特点的把握,引导其形成道德认知,发展道德情感,激发其内在的学习自省动力,养成道德行为。

二、秦汉时期的优秀道德理论

秦汉时期,我国的传统道德思想领域“百家争鸣”的局面结束,儒家思想赢得了统治者的青睐,成了地位最高、影响最大思想学说。秦王朝建立以后,统治者吸取了法家“专任刑法”的法治思想,以严刑峻法维护统治,巩固政权,结果被农民大起义所推翻,

① 论语·秦伯

② 论语·述而

统一局面仅仅维持了15年。

汉王朝认识到严刑峻法不是巩固统治的良药，而将道德、教化作为统治民众、稳定社会的基础，因此儒家思想开始逐渐进入统治者的视野，并成了封建社会的统治思想。西汉初期，出于恢复民力，修养生息的目的，汉朝的统治者推崇“无为而治”的道家学说，在社会状况好转之后汉武帝采纳董仲舒提出的“罢黜百家，独尊儒术”的建议，正式将儒家思想确立为统治思想，特别是以仁义道德为核心的伦理思想成了封建统治的正统。儒家伦理思想独尊地位的确立，适应了时代的需求，也符合统治者的统治意愿，因为儒家思想为大一统统治提供了足够的道义上的支持，这也是历代统治者都尊崇儒家思想的根本原因。

董仲舒的儒家思想并不是单纯的儒学思想，而是以先秦时期孔孟的主要思想和理论为基础，并吸收道家、法家、阴阳五行学说以及神学思想形成的一种带有目的性的思想理论。董仲舒曾说：“王者欲有所为，宜求其端于天。天道之大者在阴阳。阳为德，阴为刑；刑主杀而德主生……以此见天之任德不任刑也。”[①]在这里，董仲舒用“天道”推演“人道”，把仁政德治作为王道政治的根本原则。儒家思想将帝王作为上天神圣统治的代言人，“合理合法”地确认了封建君主的统治地位。此外，董仲舒还提出的“三纲五常”的思想，这也成为自汉朝以来我国道德教育的中心内容，他的“重义轻利”“以仁安人，以义正我”和“必仁且智”的道德教育心理学思想成为个体道德修养的基本原则和方法。

两汉时期的统治者以及后来历代的统治者，正是看到了儒家思想对维护封建统治的教化作用，才极力推崇儒家思想。在封建时代，上至君王百官，下至普通百姓，都要自觉学习和实践儒家的道德思想。通过对“天道”和“人道”关系的理解，来遵循名教纲常的道德体系，以达到“张其纲纪，谨其教化”的治国目的。

儒学伦理思想作为封建统治阶级正统道德理论，在社会生活

① 汉书·董仲舒传

中发挥其独尊的作用。

三、魏晋隋唐时期优秀道德理论

魏晋隋唐时期社会局势比较混乱，只有更好地控制人们的思想才能保证统治的稳定性，出于这一考虑统治者开始利用宗教文化来稳定臣民、发动战争。另外，统治者之所以推崇名教还有一个重要的原因，即通过名教来为统治阶级放荡不羁、荒淫无度的腐朽生活方式作辩护。随着当时中国社会的经济转移、民族融合、文化交流和教育变革，适合封建门阀士族统治需要的“玄学”思想开始出现，他们以“三玄”，即《老子》、《庄子》、《周易》为主要研究对象，在伦理道德方面主要是论证“名教”与“自然”的统一。

魏晋玄学的盛行，玄学的传播依赖于当时的佛教，玄学与佛教有着密切的关系。佛教宣扬因果报应，转世轮回，主张“出世”，超脱现实，提倡修行成佛，今世的苦难是为下一世的福荫。大乘空宗的佛学思想与道家玄学思想类似，因此，许多佛教徒借助玄学传播佛教。同时，门阀士族为了巩固其统治和愚化百姓的需要，大力推崇佛教，因此这一时期佛教得到了迅速的发展，成了一股重要的宗教力量。

这一时期也出现了以范缜为代表的无神论者，他们从形神关系入手对佛学思想的理论基础神不灭论进行了批判。而且由于佛教与儒家伦理道德的格格不入，也引发了佛教与儒家礼教纲常的矛盾，产生了儒家的世俗道德与佛教的宗教道德之间的斗争。为此，佛教也力争调和儒佛，强调佛教教义、佛教的人生哲学与儒家伦理道德的一致性和互补性。总之，魏晋时期随着玄风的盛行、佛教传播，在伦理思想上出现了儒道释三家既相互斗争又彼此吸收的复杂格局。这种状况也直接影响了隋唐时期的伦理思想。

总之，魏晋至隋唐时期的伦理道德思想的突出特点是儒、佛、道三家在相互斗争的过程中相互吸收，趋向合流。

四、宋明时期优秀道德理论

宋明时期，“存天理、灭人欲”的道德理性占据着主导地位。

宋代开始以后，中国封建社会进入了后期发展阶段，社会矛盾较为尖锐和复杂。统治者为了强化自己的统治，缓和各种社会矛盾，极力维护封建道德纲常，原有的思想已经很难维护矛盾丛生的封建统治，因此理学伦理思想应运而生。

从基本立场上来说，理学使儒家伦理思想获得了完备的理论形态，并以其新的形式重新取得了“独尊”地位。理学本宗孔孟儒学的立场，以继承儒家传统为出发点，同时又吸收佛、道思想，在道德的本原、人性论、理欲观、理想人格的培养等方面，集儒、佛、道于一体，以“理”为最高范畴，以“存天理、灭人欲”为基本纲领，形成了更系统更精致的封建伦理思想体系，也使儒家伦理思想的发展达到了最高阶段。“存天理，灭人欲”是理学各派别的共同思想纲领，其目的是以禁欲主义的思想强化封建礼教，反对农民阶级的“均贫富”的要求，维护封建纲常伦理制度。“存理灭欲”是理学伦理思想所推崇的理想人格标准，朱熹认为要通过“居敬穷理”的学者工夫，使用“学、问、思、辨”、知先行后的方法，而达到格物致知。朱熹明确指出：“知行常相须，如目无足不行，足无目不见。论先后，知为先；论轻重，行为重。”显然，从道德发展的顺序上，朱熹是认为“知先于行”的，因此，他根据这个特点提出了道德修养的基本顺序，即“博学、审问、慎思、明辨、笃行”，进而又提出了“博约相济、积累渐进、日用切己、温故知新”的道德修养原则，形成了儒家道德理学观思辨的理论体系。理学伦理思想中关于知行、“格物致知”的争辩，把传统道德修养理论推向一个新的发展阶段。

明代初年，程朱理学的统治地位已经得以确立，这是因为理学对于维护封建统治的作用要远远大于传统的儒学。在这个时期，明代的理学家薛瑄进一步发展了朱熹的理学思想，提出了“实得而力践之”和“下学人事，上达天理”的道德修养原则，进一步强调了道德实践的作用。另一位理学家吴与弼则把朱熹的理学思想与陆九渊的心学思想相结合，把从先秦时期到宋代的儒家学说都归结为“存天理、灭人欲”的圣贤之学，主张要“学为圣贤”。其主要方法是：“学圣人无他法，求诸己而已。”因此，他认为：“欲到大贤地，须循下学工。文章深讲贯，道德细磨砻。”显然，这种“静观涵养”和“洗心”“磨心”的道德修养方式，是理学和心学的一种独特结合。

五、明清时期优秀道德理论

明末清初，社会和阶级矛盾日益突出，中国封建社会的发展开始步入晚期，并逐渐走向衰败。明中叶以后，我国开始有了资本主义的萌芽，然而却受到了封建专制主义的压制。封建统治者的高压政策、横征暴敛，阶级矛盾空前尖锐，最终导致了李自成和张献忠领导的农民大起义；满族贵族的入侵，使民族矛盾日趋严重，以程朱理学为代表的封建伦理思想，虽然仍处于正宗地位，但其专横、腐朽的思想统治，不仅禁锢了人们的思想，而且更为严重的是阻碍了社会的发展，给整个民族带来祸害。在这种特定的历史条件下，一批进步的思想家如李贽、黄宗羲、王夫之、顾炎武、颜元等人，对以程朱理学为代表的儒家学说进行了一定程度的批判，对统治中国千百年的儒学经典的统治地位形成了强烈的思想冲击。在道德伦理问题上，他们把道德与功利、天理与人欲统一起来。虽然他们的观点各异，批判侧重点也有所不同，但是他们都以程朱理学为代表的封建伦理思想作为批判对象，带有反封建的启蒙意义。这些观点对近代乃至当代道德教育都产生了重要影响。

第四节　思想道德教育相关学科理论

大学生思想道德教育研究要在新的历史条件下实现理论的发展创新，离不开相关交叉学科的视野。这一视野对于大学生思想道德教育研究质量的提升、学科建设的推进和研究者能力的提高都具有非常重要的价值。

一、大学生思想道德教育与教育学理论

思想道德教育属于教育的一部分，教育学理论与规律对思想道德教育必然具有比较强的指导意义。

（一）教育学揭示教学规律的理论

1. 掌握知识和发展智力相统一的规律

学生掌握知识与发展智力、培养能力是辩证统一的，单纯地强调任何一种都是不科学的，因为无论是知识的单纯增长还是智力的单纯提升都难以提升学生的综合素质。大学生思想道德教育要尊重教育学的基本规律，在注重对大学生进行马克思主义基本理论知识传授的同时，还要加强大学生实践活动的开展，将其所学的知识转换为实践能力。

2. 传授知识与思想教育相统一的规律

教师在传授知识的过程中，无论传授的是哪方面的知识总会或多或少地对学生的思想感情、立场观点、意志性格、道德品质等方面造成一定的影响，这也是学生能接受到的思想道德教育的一种方式。另外，教师的思想品质、言谈举止、风度气质等个人特质，也对学生产生潜移默化的教育影响。因此，在教学过程中教师应严谨治学，为人师表，通过自己的实际行动为学生树立良好的思想道德行为榜样，知行统一、言行一致。

3. 教师主导作用和学生主体地位相结合的规律

在教和学的统一活动中，教师应该充分发挥自己在教学中的主导作用，按照客观规律启发与引导学生去学习、认识和实践，充

分激发其积极性。在教学过程中，教师的主导作用和学生的主体地位是辩证统一的，教师的主导地位并不是绝对的，在某些情况下，教师也可以激发学生在思想道德教育中的主体性，发挥其主导作用。

（二）教育学探索教学模式的理论

教学模式是指根据教育学的基本规律建立在一定的教学理论或教学思想基础之上，为实现特定的教学目的，而设置的各种教学要素的组合。进行教学模式的研究，应该重视对课堂教学模式、社会实践开展模式的关注与分析，因为只有对这二者进行透彻的分析和了解才可以更好地对教学关系、教学效果等关键因素进行把握。

1. 传递—接受式

传递—接受模式以传授系统知识、培养基本技能为目标，这一种教学模式强调与突出的是教师的指导作用，是一种知识由教师向学生的单向传递过程。大学生思想道德教育实践中大量活动也是应选择这种模式进行，尤其是马克思主义科学理论知识的传递教育活动，教育者在其中的指导作用和“把关人”角色是必须发挥的。

2. 引导—发现式

引导—发现模式是指在教学活动中一种比较灵活的教学模式，该模式的教学活动以解决问题为教学的中心，以教师的“引导”为主要手段，以学生的“发现”为目的。该教学模式对提高学生发现问题和解决问题的能力具有很好的作用，且该模式可以充分激发学生的积极性和主动性，充分体现学生在学习过程中的主体地位。

3. 示范—模仿式

示范—模仿模式是指教师有目的地把示范技能作为有效的

刺激，进行讲解、示范，以引起学生相应的行动，进行参与性的练习，从而使他们通过模仿有效地掌握知识技能，比如我们经常参加的实验课。大学生思想道德教育者也应在教育活动中擅长通过示范技能的展示来引导受教育者，给学生进行示范，从而引导其通过模仿选择正确的行为。

（三）教育学论述教学方法的理论

教学方法是教师和学生为了实现共同的教学目标，完成共同的教学任务，在教学过程中运用的方式与手段的总称，教学方法有很多种。

1. 讲授法

讲授法是教师通过口头语言向学生描绘情境、叙述事实、解释概念、论证原理和阐明规律的教学方法。讲授法是一种传统的教学方法，并且也是人类最早开始使用的教学方法，从目前来看，即使引入其他教学方法也是同讲授法结合起来进行的。大学生思想道德教育的实施者应该注重自己口头讲授教育技巧和能力的培养与提高，保证良好的教学效果。

2. 参观法

参观法是一种与实践结合在一起的一种教学方法，具体来说，参观法就是根据教学目的和教学任务的要求，通过组织学生到一定的校外场所进行实地观察、研究获得新知识的一种教学方法。参观是将大自然、大社会等作为学习与研究的活教材，它能够弥补课堂教学易让人感觉枯燥的缺点，打破了传统教学空间上的束缚，更加有利于学生学习兴趣的激发。在思想道德教育中，借助参观法开展革命传统教育、正反典型教育、改革开放成果教育等，对提升教学效果作用显著。

3. 讨论法

讨论法是在教师指导与组织下，将全班分为若干小组，并对某一问题进行讨论，通过发言相互比较，相互启发从而增强学生对新问题、新知识的认识与理解的一种教学方法。大学生思想道德教育者也应借鉴讨论法“以他人为镜”的宗旨来指导和丰富自身开展活动的形式，进行相关理论和现实的热点、难点、疑点等问题的讨论活动，引导教育对象在集体教育和相互探讨的过程中，完成更有成效的自我教育。

二、大学生思想道德教育与心理学理论

（一）心理学关于个性心理形成与发展的理论

心理过程与心理活动是每个人都有的，但同样类型的心理过程或心理活动，体现在每个人的思想与行为上都存在一定的差异，我们将这些个体差异的表现称为个性心理，它是个体身上表现出的比较稳定的一种心理特征，具有模式化、固定化的基本特征，对行为研究有一定的参考作用。无数的教育实践证明，深入研究并把握个性心理及其形成发展规律，对于实施因材施教，开发人的潜能具有重大意义。

个性心理的形成和发展是多因素交互影响的结果，是在遗传素质的基础上，在一定环境和教育条件的影响下，经过个体积极主动的社会实践活动而被塑造出来的。大学生思想道德教育应充分重视心理学关于人的个性心理形成发展理论，了解影响大学生个性心理的各种因素，使得教育活动能产生较强的针对性和实效性。

（二）心理学关于需要动力的理论

需要理论认为，人的一切行为都是受本能需要的直接刺激而产生的。虽然人有满足自己需要的基本特征，但是大多时候人们都是从理性的角度考虑自己的需求以及动机的，因此人们能够自觉调整自己的需要、动机和行为。

心理学关于需要的理论告诉我们，在当前的社会条件之下，最大限度地满足人们日益增长的物质需要和精神需要，是思想道德教育工作者应该考虑内容，同时也是思想道德教育的目标之一。如果思想道德教育工作背离了其基本目的，脱离了满足人们物质需要和精神需要这一基本原则，势必软弱无力，缺乏吸引力和说服力从而影响教育效果。从事思想道德教育工作的管理者，在进行思想道德教育工作的安排和规划时务必要对工作对象的心理特征及其个人需求进行透彻的分析和了解，从而有针对性地对道德教育工作进行设计，争取达到最好的教育效果。

三、大学生思想道德教育与社会学理论

思想道德教育目标需要通过思想道德教育活动去实现，人的社会化目标要通过人的社会化去实现。人的社会化理论对于思想道德教育目标的实现具有重要的借鉴价值。

（一）社会化的含义

"社会化"一词进入社会学已有100多年的历史，它是指个人学习知识、技能和规范，取得社会成员的资格，延展自己社会性的过程。社会化就是社会将一个自然人转化成为一个能够适应一定的社会文化，参与社会生活，履行一定角色行为的社会人的过程，也是一个自然人在一定的社会环境中通过与他人的接触和互动、逐渐认识自我，并获得一个合格的社会成员资格的过程。

（二）社会化的内容与大学生思想道德教育的关系

社会化的内容非常广泛，凡是社会生活所必需的知识，技能、行为方式、生活习惯，甚至于社会的各种思想、观念等都包括在内。概括起来，有以下几项基本内容。

1. 传授学生生活知识和劳动技能

初生婴儿除吸奶等几种有限的本能以外，其他生活知识一无

所有。传授基本的生活知识和劳动技能,看似并不是思想道德教育的主要内容,但是实际上劳动技能与生活知识的教育对思想道德的形成与塑造具有重要的联系。从人的发展来看,少年儿童时期的思想道德教育,青年时期高校进行的思想道德教育,对他们的成长、成才具有很紧密的联系,比如在少年儿童时期养成良好的个人习惯,那么对于他长大后的个人发展能够起到很好的作用。

2. 对学生灌输生活目标和培养价值观念

社会上的每一个人都有自己的生活目标,这种生活目标不单纯是信念和理想,而是在一定人生观指导下,通过自己的努力争取可以实现的具体目标。通常情况下父母帮助子女选择人生目标时,会较多地从家庭和个人发展的方向考虑,学校、社会或其他社会组织则着重强调个人发展对社会的利益和社会的需要的满足。

对青年学生灌输生活目标和培养价值观念,帮助其树立先人后己、先公后私的精神,艰苦奋斗的献身社会主义建设,为人民的集体事业而努力工作,是人的社会化的重要内容,也是高校思想道德教育的重要内容。

3. 教导学生社会生活规范

社会规范指人们社会行为的规矩, 社会活动的准则。它是在社会互动过程中衍生出来的,对维持社会正常秩序的保障有重要的作用。社会规范对社会关系的反映,也是社会关系的具体化,是人的社会化的另一个重要内容,体现了人类精神文明的进步状况。

社会规范的教育是大学生思想道德教育的内容之一。思想道德教育的根本目标是教育人、培养人,使学生成为一名德、智、体全面发展的好学生,在以后走上工作岗位上时是一名好员工。如我国开展讲文明、讲礼貌、讲道德、讲卫生、讲秩序及提倡心灵美、行为美、语言美和环境美的“五讲四美”活动，是精神文明建设的需要，是教导社会生活规范的需要，也是高校思想政治工作的需要。

4. 培养学生对社会角色的适应

角色是戏剧、电影中的名词，指剧本中的人物。社会学借用这个概念作为研究社会结构的起点。培养学生对社会角色的适应，是大学生思想道德教育的重要目标，因为大学生是马上要进入社会的独立个体，他们将会面临角色的转变并适应这一转变的问题。大学生思想道德教育要帮助学生消除“角色差距”，克服“角色冲突”，使学生在以后的工作学习中能更快地适应自己的角色，从而更好地完成自己的工作。

第三章 新时期大学生思想道德教育内容的继承与拓展

大学生思想道德教育内容是一个内容丰富、结构复杂的系统,是其中各个要素按照一定的秩序、一定的形式结合而成的一个有机统一的整体。这个整体中各个要素的稳定合理配置是确保大学生思想道德教育实效性的重要基础和前提,居于大学生思想道德教育实效性研究体系的核心地位。

第一节 理想信念教育

理想与信念的问题是人生观教育的核心内容。通过理想信念的教育,把人民群众团结起来,为共同的目标而奋斗,是人生观教育的光荣使命,是历史传统。在我国改革开放的历史进程中,面对社会生活的急剧变化,如何用中国特色社会主义共同理想凝聚力量,并以坚定的信念明确新时期的奋斗目标,是时代的课题。

一、理想信念教育的作用

在大学生人生观教育的内容中,理想信念教育是核心。这是指理想信念教育在人生观教育内容中居于主导地位,对爱国主义教育、道德规范教育、全面发展教育起着支配作用,决定着爱国主义教育、道德规范教育、全面发展教育的性质和方向。

(一)理想信念是“三观”的核心

理想信念是世界观、人生观、价值观的集中体现,是“三观”的核心。而“三观”问题说到底是理想信念问题。

1. 理想信念反映世界观的核心

世界观是对人们生活在其中的世界以及人与世界关系的总体看法，其核心是对人类社会发展规律的认识。理想信念与世界观密切联系，理想信念的不同反映世界观的不同，反映着对人类社会发展规律的认识不同。资本主义的理想信念建立在资产阶级的世界观基础上，反映资产阶级对人类发展规律的认识和看法。社会主义—共产主义的理想信念建立在马克思主义世界观的基础上，反映无产阶级对人类发展规律的认识和看法。

2. 理想信念反映人生观的核心

人生观是人们对人生的目的和意义的根本看法和态度，是对人的本质、人性，为谁活着，活着干什么，走什么样的路，做什么样的人，追求什么样的理想，什么是幸福等等问题的看法，其中包括对人生价值的看法。它要解决和回答的问题很多，其最基本、最核心的内容是人究竟为什么而活着、怎样生活才有意义。而这正是理想信念所要解决的问题。不同的理想信念反映着不同的人生观，反映着每个人不同的人生追求和境界，反映着对人究竟为什么而活着和怎样生活才有意义等问题的不同看法。具有社会主义—共产主义理想信念的人，会把全心全意为人民服务视为人生的最大目标，把为多数人谋幸福视为人生最大的快乐和最有意义的事情。

持个人主义理想信念的人，会把物质的追求和感官的享乐作为人生的目标，把追求个人享乐视为最有意义的事情。

3. 理想信念反映价值观的核心

价值观是人们对事物、客体是否具有价值以及具有什么价值总的看法、观点。价值观的核心是人生价值观，即人究竟怎样活着才有价值，包括应该追求什么样的人生价值，以什么为标准去做价值判断，区分好和坏、有意义和无意义、有价值和无价值等等。而这些正是理想信念所要回答和解决的问题。理想信念的不同反映价值观的不同，反映人生价值观的不同。具有坚定的社会主义—共产主义理想信念的共产党人，确信为集体利益和全人类利益而奋斗，为社会主义和共产主义的实现而奋斗才有价值。

（二）理想信念教育的效果是思想道德教育成败的重要衡量标准

思想道德教育的主要目的是培养人们正确的政治观点、政治立场、道德准则和思维方式。而理想信念教育又是思想道德教育中最基本的教育方式之一。如何检验思想道德教育是否成功，首先需要对理想信念教育进行评判。一个有志青年首先就需要明确自己的理想信念，只有树立好了正确的理想信念，才能不在以后的人生观教育中迷失方向。

中国共产党是中国工人阶级的先锋队，是用马克思主义武装起来的党，这决定了它的思想道德教育是马克思主义的思想道德教育，必须用社会主义—共产主义理想信念去教育群众，动员他们积极投身于革命、建设和改革的伟大实践，为实现当前的和长远的目标而努力奋斗。当前开展大学生思想道德教育，最根本和最核心的任务就是要坚持用马克思主义理论和社会主义—共产主义理想信念去教育大学生，引导大学生坚定对马克思主义的信仰、坚定对社会主义的信念、认同党的理论路线方针政策，增强对改革开放和社会主义现代化建设的信心、增强对党和政府的信任，坚定走中国特色社会主义的道路。如果放弃马克思主义理论、社会主义—共产主义理想信念的教育，就背离了思想道德教育的性质，偏离了思想道德教育的方向。

二、理想信念教育的内容

大学生理想信念教育的目标在于引导大学生树立正确的个人理想与社会理想，引导大学生把个人的成长进步同中国特色社会主义伟大事业、同祖国的繁荣富强紧密联系在一起；坚定他们为理想坚持不懈奋斗的信念。大学生理想信念教育的目标决定其内容，因此，我们可以把大学生理想信念教育的基本内容主要概括为以下几个方面。

（一）马克思主义基本理论教育

理想不同于空想、幻想，就在于它是建立在对客观世界的理性认识之上的，是对社会发展规律和人生价值的清醒认识和正确把握。正确的理想信念的形成来源于科学理论的指导。要引导大学生树立正确的人生理想，必须加强大学生马克思主义基本理论教育，加强马克思列宁主义、毛泽东思想、邓小平理论、“三个代表”重要思想和科学发展观的教育。马克思主义是人类认识世界最全面、最好的工具，是推动历史前进的强大思想武器和行动指南。马克思主义与中国革命具体实践相结合，诞生了毛泽东思想和邓小平理论，改变了中国的落后面貌，使中国走上了社会主义现代化的光明大道。“三个代表”重要思想体现了马克思主义与时俱进的理论品质，集中体现了当代中国共产党人的理想境界。科学发展观是以胡锦涛同志为核心的党中央以邓小平理论和“三个代表”重要思想为指导，从新世纪、新阶段党和国家事业发展的全局出发提出的重要战略思想。

（二）坚定对建设中国特色社会主义的信念

社会主义教育是重要的政治教育内容，目的是引导大学生坚定社会主义信念，坚定地走中国特色社会主义的道路。

最高理想作为人的最高价值追求，是一种未来的目标，它只有具体化为一些阶段性的理念目标，并付诸实践，在实践中化为现实，才能逐步得以实现。共产主义最高理想，只有在社会主义社会充分发展和高度发达的基础上才能实现。实现共产主义是空前伟大而艰巨的事业，建设中国特色社会主义现代化事业，是一项全新的伟大工程。

邓小平同志在1992年1月18日至2月22日的南巡讲话中指出:“社会主义的本质,是解放生产力,发展生产力,消灭剥削,消除两极分化,最终达到共同富裕。”这一科学概括,揭示了社会主义优于、高于资本主义的根源,从理论层面上回答了“什么是社会主义”。通过社会主义政治教育,引导当代大学生充分认识到社会主义国家的诞生是社会历史发展的必然,社会主义的发展没有固定的模式,社会主义制度具有无比的优越性,社会主义代替资本主义的历史趋势不可逆转,从而使青年学生更加坚定心中的社会主义信念,勤奋刻苦地学好专业知识,提高整体素质,脚踏实地并不断用自己的艰苦探索和勤奋劳动,为中国特色社会主义现代化建设作出更大贡献。

建设中国特色的社会主义是一项艰巨的任务,在这个过程中,很多深层次的思想问题也会表现出来。而要解决这些问题,就要依靠思想道德教育,重点是加强理想信念教育。理想信念教育的巨大作用,就在于通过马克思主义理论、共产主义和社会主义思想以及集体主义和爱国主义的教育,使大学生真正从思想上认识到社会主义代替资本主义的总趋势是改变不了的;坚持四项基本原则是立国之本,“三个代表”重要思想是我们党的立党之本、执政之基、力量之源,是指引我们通过中国特色社会主义迈向共产主义美好未来的根本保证。唯有如此,才能坚定建设中国特色社会主义的信念,也才能将信念转变为自觉的行动,为中华民族的伟大复兴做出自己最大的贡献。

(三)增强对改革开放和现代化建设的信心

对改革开放和现代化建设事业是否充满信心,是目前信仰、信念、信任的现实体现。以邓小平同志为核心的党的第二代中央领导集体面对复杂多变的国际形势,冷静思考,积极应对,深刻总结国内外社会主义建设的经验教训,成功地找到了建设中国特色社会主义的道路,为解决科学社会主义的时代难题做出了独特的贡献。经过多年的建设,特别是改革开放30多年来的发展,我国的综合国力大大增强，为今后的发展创造了有利的条件，奠定了比较坚实的物质基础。当前，以习近平同志为总书记的党中央正率领着全国人民向着全面建成小康社会的宏伟目标奋勇前进。大学生一定要积极参与改革开放和社会主义现代化建设的伟大实践，提高对“三个代表”和科学发展观重要思想实践性的认同，使之内化为坚强的信心。

第二节 爱国主义和民族精神教育

爱国主义是我国民族精神的核心。强调爱国主义教育有利于整个民族更加团结。民族精神是一个民族生生不息之源泉，奋发向上之动力。因此作为文化传承和创新之地的高校，对大学生进行以爱国主义为核心的民族精神教育是其职责所在。

一、爱国主义教育

“千古英雄，爱国同怀赤子之心。”千百年来，中华儿女忠诚地履行自己对祖国的责任和义务，并在爱国、兴国、报国的伟大实践中实现自己的人生价值。爱国是一个古老而崇高的话题。爱国主义是中华民族的宝贵精神财富和优良传统，是中华民族生生不息、发展壮大的精神动力。

大学生是国家和民族的希望，是实现全面建成小康社会的主要力量，他们爱国情感的强弱，将直接关系到社会的进步和发展，关系到整个国家和民族的前途和命运。因此，必须强化爱国主义教育，以增强他们的民族自豪感、自尊心、自信心和自强精神，增强他们的爱国热情和报国之决心，在实现中华民族的伟大复兴中贡献力量。高校要注重对大学生的爱国主义教育，引导学生严格要求自己，对于反人类、反社会的言论要予以剔除，以免蛊惑人心。

(一)爱国主义教育的作用

1. 有助于高校大学生培养高尚的道德情操

爱国主义是一种高尚的道德情感,这种情感集中表现为对祖国的山河、同胞、物质财富和精神财富的无限热爱;对祖国历史、文化、语言和优良传统的高度的自豪感;对祖国前途、命运的无比关心;个人的前途命运与祖国的前途命运紧密联系在一起,为祖国的独立富强而宁愿奉献一切的志愿。爱国主义又是一种道德规范,它要求人们把爱国、报国、救国、兴国、强国看做崇高的美德,而把卖国、辱国、祸国、乱国、叛国视为对祖国和民族的丑恶行为。

2. 有助于高校大学生坚定中国特色社会主义的信念

今天我们讲爱国主义,不仅仅表现为热爱祖国的山河、历史和文化遗产,而且更重要的表现为热爱我们的社会主义制度,热爱中国共产党及其领导下的各族人民,热爱社会主义现代化建设,维护国家的团结统一。在当代中国,爱国主义与爱社会主义在本质上是一致的。爱党、爱国、爱社会主义是统一而紧密联系的整体。在改革开放与现代化建设的新时期,建设中国特色社会主义是爱国主义的必由之路,在大学生中开展爱国主义教育可以使大学生更加热爱社会主义,热爱中国共产党,有助于使大学生把个人的前途命运与祖国的前途命运紧密联系在一起,为国家的独立和民族的富强尽心尽力地付出与奉献。

(二)爱国主义教育的内容

1. 中华民族的文明历史

历史是不能割断的,只有懂得历史才能正确地了解现在和展望未来。我们要讲中华民族发展史中的曲折,更要讲近百年来我国的屈辱史，讲现代中国革命史，讲新中国的艰苦创业史，使人们懂得，特别是使当前的大学生懂得，新中国来之不易，社会主义建设成就来之不易，多少先烈付出了鲜血和生命，亿万人民进行了艰苦的劳动。还应当注重讲杰出人物个人的历史，讲杰出人物、英雄模范的奋斗史、贡献史。因为这样的史料最真切、最实际，因此也最容易引人效法、学习，具有潜移默化的作用。学习革命先烈为了共产主义的实现而不惜抛头颅、洒热血的精神，学习新时期各条战线上涌现出来的先进人物和事迹，能够使大学生更好地认识过去，立足现在，展望未来。

2. 中华民族优秀传统文化教育

中华民族是一个有着五千年悠久历史的伟大民族，我们的祖先通过世世代代的辛勤劳动创造出了光辉灿烂的历史文化，这是我们中华民族的历史瑰宝，是对大学生进行爱国主义教育的重要内容。古老的《书经》中，周武王在《泰誓》里就提出"民之所缺，天必从之"的思想，强调要尊重人民的意愿和要求。古老的《周易》和《老子》充满辩证思想，至今为世界许多国家所研究和运用；《孙子兵法》和我国古代其他许多兵家的著述，至今被许多国家的军事学院定为必读书，而且被广泛应用于企业和市场竞争，显示出它们的无限生命力。

在近代，我们落后了，但在新中国成立不久，我们自力更生制造出"两弹一星"。我国在尖端科学、尖端医学等方面，有许多重大突破，居于国际领先地位。在当代，随着全球化浪潮的兴起，具有不同历史传统和民族特色的文化之间的碰撞和交融将更加广泛、更加频繁、更加激烈、更加深入。一个国家在全球化浪潮中能否保持其优秀民族文化，不仅关系到本民族文化的生存与发展，还关系到国家的命运和前途。特别是一些西方国家借全球化之际，凭借其雄厚的经济实力和信息高科技优势，打着"文化全球化"、"文化一体化"的旗号，大肆推行文化殖民主义，以达到损害别国本土文化的目的。因此，我们引导大学生继承和发扬中华民族优秀文化传统，培养大学生对民族文化的热爱和认同，增强大学生的民族自尊心、自信心和自豪感，使大学生在西方文化霸权主义面前，自觉保护和弘扬本民族文化，维护国家的利益。

3. 保护国家安全教育

国防素质是每个大学生应当具备的基本素质之一。当代高校大学生作为社会主义事业的建设者和接班人，要不断增强国防观念，心系国家安危，肩负起保家卫国的重任。在当今和平与发展的时代主题下，在总体国际局势缓和的态势下，局部的冲突还是有的，特别是恐怖主义危害上升，霸权主义和强权政治有新的表现。我国在和平发展道路的征程中，会遇到各种风险和挑战。我们在集中精力搞发展的同时，必须大力加强国防军队建设，为捍卫国家主权、领土完整，维护国家利益提供有力的保障。大学生是社会主义现代化建设的有用人才，同时也是国防建设的后备人才，必须具有很强的国防观念与忧患意识，积极关心国防、热爱国防，努力为国防和军队现代化建设贡献智慧和力量。

二、民族精神教育

民族精神是一个民族长期以来形成的处世风格的全部内容。新时期，我国社会逐渐形成了以爱国主义为核心的民族精神新内容。只有在这种民族精神的指导下，我们的事业才能不断从一个胜利走向下一个胜利。我们的“中国梦”才能实现。

中华民族精神包含着极为丰富的内容，其内涵博大精深、源远流长。我国历史上的传统美德和可贵精神是中华民族精神的重要内涵。尽管这些传统美德的形式不断变化，在不同的时期有不同的英雄人物和可贵事迹出现，但始终都围绕一个重要主题，即爱国主义。中华民族有着极为光荣的爱国主义传统，这个光荣传统不仅具有自身与众不同的内涵和品格，而且在中华民族的历史上发挥了极为巨大的作用，是中华民族团结统一、自强不息、继往开来的重要力量源泉。爱国主义的具体内涵在前文中已有所阐述，这里不再详述。团结统一、爱好和平、勤劳勇敢、自强不息这些内容是紧紧围绕爱国主义这一光荣传统的。

（一）团结统一

团结统一是爱国主义传统的必要内容。历史上，中华民族历经多次动荡、分化和迁徙，虽困难重重，但始终都能走向统一、融合。团结统一是中华民族爱国主义传统的总趋势和总基调。中华民族是一个不可分割的统一整体。自夏商周以来，中华民族就形成了牢不可破的整体观，这也是中华民族文化传统源远流长之根基。无论是孔子的“一匡天下”、孟子的“定于一”、荀子的“天下一”，还是康有为对“大同世界”的设计、孙中山对“天下为公”的执著追求，都是这种中华整体观的体现。往往在中华民族处于生死存亡的危急关头，国内各阶级、各民族都能够尽释前嫌，以民族大义为重，联合起来一致对外。即使是远在异国他乡的中华儿女，在得到中华民族受到欺凌这样的消息之后，也会义无反顾地伸出援助之手，甚至远渡重洋再回到危难的祖国。

（二）爱好和平

爱好和平是爱国主义传统的必然态度。中华民族的繁衍生息必须要有一个和平安定的环境。我国的对外政策，是以和平为宗旨的。我们坚持在和平共处五项原则，特别是在相互尊重、平等互利、互不干涉内政的原则基础上，同世界各国建立和发展友好合作关系。爱国的目的是建设祖国，是国家中的所有人民都能共享国家繁荣发展的成果，而不是徒具匹夫之勇，逞强好胜。

在我国的传统文化中，爱好和平这一民族精神有多方面的反映。例如儒家提到“亲仁善邻”、“讲信修睦”，道家主张“兵者，不祥之器，不得已而用之”，墨家主要思想“兼爱”、“非攻”，等等。在新的历史条件下，中国梦的实现必须要有一个安定的社会环境。中国人民必须紧密地团结在以习近平为总书记的党中央，坚持与邻为善、以邻为伴的外交思路，积极建设祖国，强大祖国。

（三）勤劳勇敢

勤劳勇敢是爱国主义传统的必然作为。在中华民族的思想传统中，勤劳一直被认为是一切事业成功的保证，是兴家的传家宝，是兴国立政之本，也是众德之首、万善之源。建设祖国必须要积极地付出劳动，通过辛勤劳作为国家建设奠定坚实的物质基础。我们现在所享有的物质财富正是先民们辛勤劳作的结果。我们所食用的粮油正是农民辛勤劳作的结果，所穿的衣服、所住的房子、所走的道路都是无数劳动人民辛勤汗水浇灌的结果。我们要把国家建设得更加美丽，必须要辛勤劳作。从这个意义上说，爱国就必须要勤劳，要用实际行动去爱国。

中国人民向来是“勇者不惧”的。不屈不挠、愈挫愈勇已经成为我们宝贵的民族性格。无数次民族危难，无数次挺身而出，正是勇敢的民族精神的具体体现。

（四）自强不息

自强不息也是中华民族最可宝贵的民族性格。《周易》曰：“天行健，君子以自强不息；地势坤，君子以厚德载物。”《礼记》中也有“苟日新，日日新，又日新”的思想主张。许多的神话故事，如“精卫填海”、“夸父逐日”、“愚公移山”，以及张载“为天地立心，为生民立命，为往圣继绝学，为万世开太平”的直抒情怀等，无不表达着自强不息的伟大民族精神。

通过上面的简单分析可知，中华民族精神虽由五个部分组成，但爱国主义是其核心，团结统一、爱好和平、勤劳勇敢、自强不息都与爱国主义紧密相连，甚至可以看作是爱国主义的基本内容和重要表现。

第三节　人生观和价值观教育

人生观和价值观是一个人参与社会活动的基本观点，对于正在成长之中的大学生来说十分重要。因此，对大学生进行人生观和价值观教育就显得十分重要。人生观是大学生看待人生重大问题的基本观点，对人生道路选择具有重大意义。而价值观则是大学生做不同事物比较的重要依据。

一、人生观教育

人生观是人们对人生的价值、生活的目的和意义的根本看法和观点，是世界观实践中的体现和运用。人生观是有鲜明的阶级性，什么阶级有什么样的人生观。共产主义的人生观就是无产阶级的人生观，它的核心是大公无私、先公后私和公而忘私。对大学生进行人生观教育的主要内容是人生理想教育、人生目的教育、人生价值教育和人生态度教育。

（一）人生理想教育

理想是人们在实践中形成的对未来社会和自身发展的向往与追求，是人们的世界观、人生观和价值观在奋斗目标上的集中体现。

理想是多方面和多类型的。可以把理想划分为科学理想和非科学理想，或社会政治理想、道德理想、职业理想和生活理想等。理想对人的激励与鼓舞作用，与理想的性质和层次密切相关。

对大学生进行理想教育，旨在帮助大学生树立科学的、崇高的理想，使之在复杂的社会环境中始终保持正确的人生方向。大学生树立了科学的、崇高的理想，才能够产生终身不竭的精神动力，才能自觉地为我国社会的进步与发展不断作出贡献。

崇高理想教育包括崇高的社会政治理想教育、崇高的道德理想教育、崇高的职业理想教育和崇高的生活理想教育。建设中国特色社会主义,实现中华民族的伟大复兴,是现阶段我国各族人民的共同理想。对大学生进行这个共同理想教育,就是要帮助大学生正确认识社会发展规律,正确认识国家的前途命运,正确认识自己的社会责任,把完成好大学学业与实现共同理想和实现个人理想结合起来。引导大学生正确对待实现理想过程中的顺境和逆境,正确认识理想与现实的关系,从现实出发,勇于实践,艰苦奋斗,为共同理想与个人理想的实现积极创造条件。

(二)人生目的教育

人生目的即人生所追求的目标。人生目的有人生的终极目的和人生的具体目的之分。终极目的是指人在人生实践中关于自身行为的根本指向和人生追求。人生的总目的是人生实践活动的总目标,贯穿于人生历程的始终。作为具体目的意义上的人生目的,是指人的具体实践活动的目的。

人生的终极目的与人生的具体目的应是统一的。具体目的有赖于终极目的的指导,终极目的的实现,依赖于一个个具体目的的实现。对大学生进行人生目的教育,既不可脱离具体目的来空谈终极目的,也不可脱离终极目的而只讲具体目的。

在大学生人生观教育中,主要应是对大学生进行终极人生目的的教育。因为,人生的终极目的是人生观的核心,它对大学生人生的导向作用非常重要。正是由于终极目的对人的一生具有导向、鼓舞、激励作用,所以必须用终极人生目的规划人生,指导具体人生实践。因此,我们必须十分重视人生终极目的教育。

必须明确的是对大学生进行终极人生目的的教育,是指为人民服务的教育。这一终极人生目的是对以生产资料公有制为基础、以实现共同富裕为目标的社会主义经济关系的集中反映。为人民服务人生目的基本内容有三:一是以人民的利益为言行的宗旨;二是站在人民的立场上立身处世;三是尊重人民的主人翁地位。

人生目的具有相对的稳定性和一定的变化性。大学生个人确立自己的人生目的,是他对社会存在的反映。另外,大学生对于外部世界的认识是逐步成熟的,对人生的思考也是变化的。大学生对人生的认识并确立的人生目的既具有相对的稳定性,也具有一定的变化性,是一个逐步进化和成熟的过程。如果认为大学生人生目的一经确立就一成不变,这样的观点既违背了客观事实,也不利于大学生对自身的不断反省和对精神境界的不断追求。

重视对大学生进行终极人生目的教育的同时,不能忽视对大学生进行具体人生目的的教育引导。对大学生进行学习目的的教育时,要注意引导大学生正确处理好具体学习目的与人生终极目的的关系,把具体人生目的的教育与终极目的的教育统一起来。

人生目的分为正确人生目的和错误人生目的,在对大学生进行人生目的教育时,要引导大学生正确认识和对待中间层次的人生目的。在现实社会中,还存在着介于这两极之间的一类人生目的,即中间层次人生目的。这种人生目的,不像利己损人的人生目的那样庸俗低下。这类人生目的,它与社会主义初级阶段生产力水平相对应,它与普通人的实际政治经济地位、生活经历和环境、文化水平、认识水平和实际能力相对应,也不违背国家的政策法规和起码的道德要求。

应当看到,在现阶段,全心全意为人民服务的人生目的只有少数先进大学生才能达到,但这并不能成为不对大学生进行为人民服务教育的借口。因此,教育引导大学生树立为人民服务的人生目的,是大学生思想道德教育者的应有责任,因为这符合中国特色社会主义建设事业的要求,是对大学生人格的尊重,是对大学生进行人生目的教育的主旨。

在对大学生进行人生目的教育时,要帮助大学生划清金钱与拜金主义的界限,认识拜金主义人生目的的本质;划清享乐与享乐主义的界限，认识享乐主义人生目的的本质；划清个人利益与个人主义的界限，认识个人主义人生目的的本质；划清权力与权力至上的界限，认识权力至上人生目的的本质。

（三）人生价值教育

对大学生进行人生价值教育，关键是要教育和引导大学生树立正确的人生价值观，努力为社会尽责，为社会作出应有的贡献。人生价值观教育主要包括以下三个方面的内容。

1. 人生价值内涵教育

即人生的自我价值和社会价值辩证统一教育，人生内在价值和外在价值辩证统一教育，人生创造价值和享受价值辩证统一教育，人生现有价值和应有价值辩证统一教育以及人生目的和人生手段辩证统一教育。

2. 人生社会责任教育

人生社会责任是指个人在社会关系中所应承担的社会职责和任务。社会责任感越强，自觉承担社会责任越大。

因此，个人对社会的责任是衡量人生价值的一个重要标准。对大学生进行人生社会责任教育，就是要教育和引导大学生强化自己的社会责任感和历史使命感，热切关注祖国的前途命运，积极投身于建设中国特色社会主义的伟大事业，对社会和人民尽到自己的社会责任。

3. 人生价值目标教育

人生价值目标包括人生的社会价值目标、成就价值目标、道德价值目标和生活价值目标，它既对人生发展起着定向作用，又是人生价值创造的重要推动力量。在人生价值目标中，社会价值目标是根本目标，是人生价值目标的核心，决定和影响着其他目标。有了人生价值目标，才会不断产生出创造人生价值的动力。

因而，对大学生进行人生价值目标教育，就是要教育和引导人们确立正确人生价值目标，坚持人生价值目标选择上的责任、义务与权利的统一。

（四）人生态度教育

人生态度是人生观的具体表现，是人们对人生问题所持有的较为稳定的评价和行为倾向。它是比较稳定的认识、情感、信念的总和，其中情感的因素起主要作用。人生态度与人生理想、人生目的和人生价值有着紧密的联系。大学生是我国社会主义建设的接班人。在我国进行全面建成小康社会，加快推进社会主义现代化建设的关键时期，大学生应该培养积极的健康向上的人生态度。

1. 积极向上，开拓进取

积极向上，开拓进取，是大学生培养积极向上的人生态度所必须要做的首要转变。积极进取就是大学生在进行自我抉择之时，在进行困难解决之时，在是与前人保持一致还是进行思想创新的选择之时，要坚持的一种人生态度。“吾生也有涯，而知也无涯。”青年时期是爆发人蓬勃朝气的时期，在这个时期不应该有任何的自满，不断的突破，不断的进取是大学生应该持有的人生态度。

2. 热爱生命，乐观自信

生命是公平的，时间是平等的。每一个人都只有一次生命，错过了这一秒钟，这一秒便不再停留。一个人在一生之中难免会遇到这样那样的挫折，在这挫折面前，更应该珍惜生命。对于大学生来说，虽然过去的时间不再回来，但是人生的路依然很长。一次失败并不代表一辈子会失败，在挫折与困难之中，保持乐观的自信的态度是一个人成熟的表现。因此大学生应该相信自己的力量，看到光明的未来，用奋进不止的乐观精神和坚定不移的人生实践,谱写自己的青春之歌。

3. 谦虚谨慎,踏实苦干

人生是严肃的,又是现实的。一个人只有保持谦虚谨慎的态度,实事求是地对待自己、对待他人、对待事业,尽职尽责地做好本职工作,踏踏实实地干好人生的每一件事,才能为建功立业、为人类的发展奉献一份力量。大学生踏实肯干的态度就是要努力认真地对待学习问题,在学习之中不可弄虚作假,不可自欺欺人。当代大学生应该认识到自己学习的本领并不完全是为自己服务的,是关系着我国祖国社会主义建设事业成败,关系着祖国人民的切身幸福的大问题。

4. 助人为乐,奉献社会

助人为乐,奉献社会是大学生在人生态度上落实为人民服务的人生目的的表现。助人为乐就是要把自己的人生幸福和欢乐与社会和他人的幸福和欢乐结合起来,在社会之中实现自己的价值。大学生个人的幸福和欢乐是和整个社会的建设捆绑在一起的。没有国家的强大和人民生活的富裕,在国家和人民之中的大学生是不可能有幸福的生活的。那种在生活上追求个人享乐,在个人利益上斤斤计较的人生态度是不可能获得真正幸福的,也很难体会到人生的欢乐。

人生态度影响着一个人的人生发展道路和方向。持有积极的、正确的、乐观的人生态度,将使人生获得进步和成功。相反,持有消极的、错误的、悲观的人生态度,将使人生遭受挫折和失败。

二、价值观教育

价值观教育主要是让教育对象搞清楚“什么是有价值,怎样才能有价值”。价值观是人内在的思想观念,渗透并反映在行为的各个方面，它是多层次、多角度的。根据大学生价值观的多样性，要从多方面入手构造一个全方位的价值观教育体系。

习近平总书记于2014年5月4日在同北京大学师生座谈时指出，当代青年要自觉践行社会主义核心价值观。习近平指出，“核心价值观，承载着一个民族、一个国家的精神追求，体现着一个社会评判是非曲直的价值标准”。当代大学生要继承中华民族富强、民主、文明、和谐，自由、平等、公正、法治，爱国、敬业、诚信、友善的价值标准，并将之发扬光大，传递到社会的每一个角落之中。因此，当前社会主义核心价值观教育不仅是要大学生深入理解核心价值观二十四字的基本内容，更是要促使大学生在社会活动中自觉践行。

习近平总书记在座谈时特别强调了青年大学生学习掌握社会主义核心价值观的重要意义，并指出了其具体方法。他指出，青年的价值取向决定了未来整个社会的价值取向，而青年又处在价值观形成和确立的时期，抓好这一时期的价值观养成十分重要。他认为青年要确立正确的价值取向要注意这几个方面的积累：一是要勤学，下得苦功夫，求得真学问；二是要修德，加强道德修养，注重道德实践；三是要明辨，善于明辨是非，善于决断选择；四是要笃实，扎扎实实干事，踏踏实实做人。习近平总书记在为大学生指出学习方法的同时，也对价值观教育做出了要求。在进行大学生价值观教育时，广大教师要勉励大学生认真学习，加强道德修养，正确选择，做一个实实在在的人。总之，在大学生价值观教育过程中，大学生要凝聚社会正能量，为实现中华民族伟大复兴的中国梦而不断努力。

（一）政治价值观教育

政治价值观是对一定的社会政治事务和政治现象之意义的评价，是大学生价值观体系的主导部分。它反映的是大学生对政治现实和政治理想的一般评价、心理倾向及行为取舍，是大学生关于社会政治生活的价值评价的观念的总和。大学生是国家的未来,他们的政治价值观将有可能影响到国家的前途命运。因此,对大学生进行政治价值观教育是任何一个国家都非常重视的问题。当代大学生必须在以下几个方面树立正确的政治价值观:

1. 坚持社会主义道路和中国共产党的领导是中国国情的要求和历史选择

坚持走中国特色社会主义道路是历史的选择,是被实践证明了的正确选择。十一届三中全会以来,党领导我们在社会主义道路上边改革边实践,取得了举世瞩目的成就。在我国,共产党是社会主义事业的领导核心,没有党的领导,就没有中国革命的胜利,就没有中国社会主义现代化事业的胜利。

2. 维护政局稳定和社会安定是实现我国现阶段根本任务的客观要求

当前,我们必须以经济建设为中心,大力发展生产力。这就必须摒弃一切干扰,以稳定的政治局面、社会局面为前提。因此,当代大学生必须树立大局意识,自觉维护政治稳定和社会安定。

(二)审美价值观教育

审美价值观就是一个人在对客观对象做出美和丑、崇高和卑下、悲和喜的审美价值判断时所依据的观念。审美价值观既积极地影响着人的精神世界,又反作用于人改造客观世界的实践活动。社会、自然、艺术,既是美的存在领域,又是美的表现形态,代表着人类实践的进步和理想。青年大学生作为一个特殊的群体,他们的审美价值观既反映出社会精神文明发展的进步程度,也影响着整个社会的审美趣味和趋向。因此,对大学生进行审美价值观教育是学校价值观教育的一项重要内容。

高等教育的目的是培养社会的高层次人才或精英,而能够称作为人才或精英的人,不仅仅意味着他学问渊博,拥有知识的力量,也不仅仅意味着他道德高尚,拥有人格的力量,同时也意味着他作为一个活生生的感性的人,拥有审美情感的力量。审美价值观教育培养了人的审美精神和审美能力，对于高等教育而言，前者也许比后者更具有终极的意义。审美精神对于培养大学生的超然性、和谐性、创造性具有特殊的作用。

1. 超然性

高等教育要求教育者和受教育者跳出功利是非之外来进行教育，这样的教育效果要优于急功近利式的教育。审美价值观教育正有助于人们培养和树立一种超越、净化情欲的人生态度。审美价值观教育把事物的具体形象诉诸审美情感，用美的形象来激起人内在情感的共鸣，打开欣赏者心灵的大门，使人达到“心旷神怡、宠辱皆忘”的境地。审美价值观教育培养的这种超越功利的人生态度，与人生的理想目标、高尚追求合一，提高人生境界。假如我们以这种审美的人生态度对待生活和工作，对个人功利目的淡远一点、超脱点，那么就会执著于生活、工作、劳动本身的乐趣，就会减少压力、烦恼、痛苦，这样孜孜以求，愉快进取，反而会达到更高远的目标。

2. 和谐性

在审美活动中由于审美对象的作用，使主体产生了感知、情感、想象和理解等综合的心理活动，全过程始终伴随着情感的愉悦。这种情感的愉悦，既不同于生理感官和欲望得到满足而产生的快感，也不同于由伦理道德和理性追求的实现而产生的精神愉悦，而是摆脱了实用的、功利的束缚，超脱了任何利害关系，进入对对象无所欲求的快感之中，是一种特殊的审美情感。人们一旦进入这个审美的领域，情感就会得到净化，精神就会得到升华，情操也会变得高尚。

3. 创造性

美育对于创新性有重要的作用。美育主要在于教育自身是否具有美的精神和形式。这包括三方面的标准：教育内容是否能传达出人类历史和智慧之美;教育操作方法是否符合受教育者的审美心理需求;教育结果和目的是否有助于培养具有美的心灵和行为的自由个性。要想实现真正的美育,要求高等教育首先是个性化的教育,必须是友善的引导,尊重他的个性,引起对美的兴趣,让他们自由游戏。在大力提倡培养人的创造性的今天,高等教育更加不能忽视美育,不能忽视自身的"尚美"的品格。实质上教育本身应该具有以美育人的规定性,高等教育的全部活动,不仅可能,而且应该贯穿美的形式并获得美的效果,从而实现完整教育的目的。

(三)诚信价值观

诚信价值观就是一个人对什么是诚信的基本认识。诚信价值观教育是大学生健康成长的前提。大学生树立诚信观,才能科学地对待自己和一切客观事物,才能有利于自身人格的健全与升华。诚信是大学生事业成功的重要保证,社会主义市场经济的正常运行需要每个人诚实守信、遵守契约。诚信是大学生为人处世之本。在社会交往中,如果一个人缺乏应有的诚信品质,不讲信誉,很难在社会上立足。大学生树立诚信道德观,培养诚实守信的优良品质,奠定立足现代社会的道德基石,才能成为高素质的人才,承担起社会责任和历史使命。

诚是向内、向善的内心追求,是个人品格和境界的内在价值评价,是一种道德规范,一种人生态度和道德境界,它体现的是我与自我的关系。"信"则偏重于"外信于人",是一种行为规约,一种具体的道德品格,是向外、向真的外在追求,是个人诚实的品格接受考验的外在价值,表现在守信义、讲信用,以及由此而建立起来的信誉、信赖、信心和信任等,体现为社会化的道德实践。诚实守信是市场经济条件下经济活动的一项基本道德准则,是职业道德的一项基本要求,是做人的一项基本道德准则。

在社会实践中大学生应增强自身诚信意识。"艰难知人生,实践长才干"。人只有在亲自从事社会实践的基础之上,才能不断深化对诚信的认识和把握。缺少诚信实践，以致诚信认知与诚信行为产生脱节，是大学生诚信素养缺乏的一个重要原因。诚信教育的关键在于实践，只有在实践交往、处事中养成诚信习惯同时在实际生活中诚实守信地对人、对事。所以从教育的途径和手段上，诚信教育不能局限于学校的课堂和讲坛，要走向实际生活，走向社会实践。学校要在校内校外为学生创造参加实践活动的条件，使学生有更多的机会在活动中锻炼和体验自己的诚信品质，调动自身内在的品质力量应对外在环境的诱惑和挑战，使大学生在实践中认识不讲诚信的危害性和诚实守信的必要性。

大学生还应不断锤炼自身诚信道德意识，培养对诚信的道德情感。道德情感是个人对现实生活中道德关系和道德行为的爱憎、好恶、信任、同情、痛苦等内心体验和主观态度，它往往成为道德实践的直接动机。苏霍姆林斯基认为，没有情感，道德就会变成枯燥无味的空话，只能培养伪君子。因此，必须培养大学生对诚信的坚定的情感，将道德认识升华为高尚的道德情感，才有可能内化为人的道德品质。所谓道德意志，是个体在履行道德义务的过程中，通过自觉地确定目的、支配行动、克服困难等表现出来的能动的实践精神。它有三个重要特征：自决性、自主性、自律性。诚实守信是一种品质，仅靠外在约束显然是不够的，还要加强内在意志品质的培养。道德意志坚定，才能克服诸多内外困难，自觉按照社会道德规范来抉择和调控自己的行为。

第四节　择业观和创业观教育

择业观和创业观教育是大学生走向社会必需的重要教育内容。大学生成功走向工作岗位，奉献社会，服务人民，必须要摆正自己的择业观和创业观。大学生要确立一个良好的择业观和创业观，必须要确立符合社会要求的职业道德，其次，了解我国相关职业政策，最后要具备相应的就业素质。

一、大学生应具备的职业道德

(一)职业道德的含义

职业道德与人们的职业生活紧密地联系在一起,它是从职业活动中引申出来的。所谓职业道德,就是指从事一定职业的人们在职业生活中所应遵循的道德规范以及与之相适应的道德观念、道德情操和道德品质。职业道德是社会主体道德体系在职业活动中的体现。职业道德与职业活动相互联系。从事共同职业的人们,由于有着相似的教育和工作背景,因此其理想、兴趣、爱好、习惯和心理特征都比较相似,并且在一定的关系下,这些人们具有特殊的职业责任和职业纪律。在这种职业责任和职业纪律的要求下就产生了一定的职业道德要求。

职业道德是现实社会道德总体体系的一个重要组成部分。正如恩格斯指出的,“实际上,每一个阶级,甚至每一个行业,都各有各的道德”。职业道德可区分为两个层面,即基础层面和具体层面。基础层面的职业道德是指具体社会的职业道德原则及其规范的抽象,是所有职业所具有的职业道德的总体概括;具体层面的职业道德是指以特定社会的基础层面职业道德作为依据,并根据本行业的特殊要求而制定的具体职业道德要求。从哲学上讲,基础层面的职业道德和具体层面的职业道德之间的关系是一般和具体。

(二)职业道德的构成要素

职业道德作为一个相对独立的规范体系,是由职业理想、职业态度、职业责任、职业技能、职业纪律、职业良心、职业荣誉和职业作风等要素构成的。这些要素从不同层面反映着职业道德的特殊本质。

1. 职业理想

职业理想是指人们对未来自身职业发展的期望。职业理想是一定社会理想在个人职业选择和实践中的具体体现。职业理想具有明显的个性化特征，是与个人紧密联系的。一方面，职业理想受到社会公众的监督和制约，另一方面职业理想则受到个人主观能动性的直接作用。

2. 职业态度

职业态度是指从业人员在职业活动中的行为表现，其实质是劳动态度。劳动态度是从业人员承担职业责任的基础。

职业态度是对个人的具体职业活动要求，具体讲职业态度主要有两点：端正的劳动态度和踏实认真的态度。端正的劳动态度要求，无论什么样的工作都要积极努力，做出个样子来。踏实认真的态度要求，要认真实践本职业特殊的行为规范，长期坚持，绝不松懈。

3. 职业责任

职业责任通常是指从业者对整个行业和社会所应承担的特定义务。一般情况下，职业责任是以法律的或行政的形式确定的，具有强制性和规范性。

在社会实践中，职业责任关系到整个社会的安定与和谐，因此也关系到个人职业活动的成败。例如注册会计师，注册会计师若不能按照行业准则审计企业账目，自身不仅要受到相关的法律惩处，所在的企业也会受到一定的惩罚，最为著名的就是安然事件。承担一定的职业责任，履行一定的职业义务是一个从业人员最起码的道德要求，也是职业活动得以进行的前提。

4. 职业技能

职业技能是从业者从事职业活动时所应具备的业务能力。职业技能是职业道德的载体和表现手段。职业技能本身并不是职业道德，但它却应被有道德的人操作。从业者使用职业技能应符合基本的职业道德规范。另外，从业者还应积极学习，保持自己的职业技能适应时代发展的需要，否则，再好的职业技能也会成为明日黄花。

5. 职业纪律

职业纪律是一种以规章、制度、条例等形式来维持职业活动的正常秩序，调节职业活动各种现实关系的行为准则。职业纪律的效能介于法律和道德之间，它的表现形式具有职业道德的一般特点。在人们的职业道德修养水平发展不平衡的情况下，纪律具有不可或缺的作用，事实上如果没有纪律的约束，人们将失去职业活动的自由，整个社会生活也会变得不可思议。邓小平指出："我们这么大一个国家，怎样才能团结起来、组织起来呢？一靠理想，二靠纪律。"纪律的重要性客观上要求每一个从业者坚持不懈地遵守和维护，使之习惯成自然，成为自觉的职业行为。

（三）职业道德教育的内容

1. 正确的职业观教育

正确的职业观教育是大学生职业道德教育中的首要内容，职业观教育主要包括以下三个方面：

第一，劳动光荣教育，使大学生认识到劳动是他们生活中的一个重要需要。无论从事什么样的劳动，劳动者的关系都是平等的，无高低贵贱之分。

第二，尊重劳动果实教育。任何劳动的结果都是应该尊重的，因为从事任何职业都不易，都需要付出辛勤的汗水。另外大学生还要充分肯定自己劳动的价值，只要肯钻研业务，勤勤恳恳地劳动，行行都可以出状元。

第三，自我价值教育。大学生要正视自己的能力，树立远大的职业理想，把个人理想与社会需要结合起来，把个人利益同国家、社会利益捆绑在一起。

2. 主人翁劳动态度教育

《中华人民共和国宪法》中规定："国有企业、城乡集体经济组织的劳动者都应以国家主人的态度对待劳动。”职业道德教育的内容应该使大学生认识到自己是国家的主人,是劳动的主人。他们的劳动成果既是为了自己走向更加美好的生活,同时也是为了国家更加强大,人民更加富足。因此,应该教导大学生以主人翁的态度对待各项生产和劳动,尽自己的能力去工作和劳动。

3. 履行职责,遵守纪律教育

职责是各行各业的从业者对整个社会与国家应该承担的责任。从业者在自己的工作岗位上所承担的职责就是要忠于职守,认真负责。职业规章制度规定了每个从业者都应该履行的重要职业纪律。作为即将走向工作岗位的大学生,要让他们懂得劳动者应有的职业纪律观念,严格遵守职业规章制度。没有责任心和遵守纪律的观念,劳动生产将无法顺利进行。

因此从以上论述来看,培养大学生的职责观念和纪律观念要远比学习一项技术的任务更重要、更艰巨。应当使学生懂得无论是什么职业,都必须认真学习职业责任方面规定,忠于职守。

二、我国大学生的就业创业政策

大学生就业具有社会性、经济性和相对稳定性,不是依靠大学生自身改变就能够完成的。因此大学生就业不是大学生一个群体的事情,全社会都应该去关注。国家从大学生就业的各个方面给予相应的政策指导,全社会都应响应国家的号召,支持大学生就业。

国家从高校、人力资源与社会保障部、财政部等多个角度都对大学生就业做出了相应的指导政策。

(一)从政策上要求高校加强毕业生就业工作

近几年国家要求高校落实好高校毕业生就业工作,把高校毕业生就业作为重要工作来抓,出台了一系列的相关政策。

第一，号召高校毕业生到城乡基层就业。我国新农村建设，城市社区建设需要大量的高素质人才。中央有关部门结合毕业生就业需要和城乡社区建设内容组织实施了多个大学生就业项目，例如“选聘高校毕业生到村任职”、“三支一扶”（支教、支农、支医和扶贫）、“大学生志愿服务西部计划”、“农村义务教育阶段学校教师特设岗位计划”等等。

第二，积极为中小企业和非公有制企业创设平台，吸纳高校毕业生就业。各类中小企业和非公有制企业是我国社会主义经济建设活力的重要体现，他们在发展之中需要各个专业的高素质人才。国家在这方面进一步清理影响高校毕业生就业的制度性障碍和限制，为中小企业吸纳高校毕业生清除一切困难性障碍。对企业来说，招用符合条件的高校毕业生还可以获得一定数额的银行贷款。

第三，鼓励传统吸纳高校毕业生主体，积极招收优秀大学生。国企和科研单位是传统上招收毕业生就业的主体。我国在各个经济开发区建设之时，对于骨干企业和科研单位进行了一定程度的政策倾斜，强化他们吸纳优秀毕业生的能力。

第四，鼓励和支持高校毕业生自主创业。毕业生自主创业是大学生为自我解决出路的最佳方案。我国有句谚语：“靠天靠地不如靠自己。”国家对大学生自主创业做出了许多政策上的鼓励。社会上有很多公益性组织也积极鼓励大学生自主创业。

第五，对毕业生进行就业服务和就业指导，强化大学生就业能力。大学生就业困难绝对不是大学生智力水平难以适应社会要求，而是大学生缺乏相应的就业常识，对就业的认识不足。所以要对大学生进行一系列的就业指导，加强高校就业指导服务机构建设，落实人员、场地和经费。加强人力资源市场管理，严厉打击违法违规行为，加强招聘活动安全保障，维护高校毕业生就业权益。

（二）人力资源与社会保障部对大学生就业困难做出一系列指导

人力资源与社会保障部针对大学生就业问题，出台了一系列强有力的措施。首先实施岗位拓展计划增加大学生就业岗位。对重点产业、各类企业和基层岗位都做出了明确要求，增加招收大学生数量。号召毕业大学生应征入伍，对应征入伍的大学生实行一定学费上的优惠措施。其次对自主创业大学生，给予政策优惠，引领大学生自我解决工作问题。再次是对毕业生离校前后都实施就业服务与援助计划，确保毕业生就业。最后是推动政治经济体制改革，建立促进高校毕业生就业的长效机制。同时人力资源与社会保障部还对“三支一扶”“服务西部”等国家相关政策做出了详细解释和说明，更有利于引导大学生理性就业。

（三）财政部积极实施大学生就业政策，关注女大学生就业

作为一个保障民生的重要部门，财政部根据党和国家的要求，针对大学生就业困难问题，也积极颁布政策，落实大学生就业问题。

首先对于就业困难人员，实施特别职业培训计划，提高就业能力。大学生有先进的思想，没有将思想转化为工作的能力，只要对他们稍加指导，就能培养成为创造先进生产力的个体。

其次，对于积极吸纳大学生就业企业实行税务优惠，对西部企业和基层单位进行鼓励，积极招收吸引大学生就业。

最后，财政部针对社会上对女大学生歧视现象，出台专门政策予以保护。财政部和各有关部门联合为女大学生提供见习岗位 16 万个，帮助 9 万多名女大学生实现了创业就业。

三、大学生应做的就业与创业准备

（一）就业

大学生就业是一个巨大的角色转变。因此，大学生要在心理上实现一个转变，在职业素质方面得到强化。

首先心理素质方面。非智力因素是影响应聘的另外一个关

键，这不是一朝一夕之力能够做到的。大学生要培养自己良好的兴趣，一个兴趣广泛的人能够和周围的同事有共同语言，兴趣也是一个人工作态度的一个重要表现。要有良好的情绪情感。不能控制自己情绪的人怎能够好好工作？要有一定的意志力。工作和生活一样都不是一帆风顺的，工作之中难免出现一点点困难，这时候能够坚持下来的人就是胜利者。在性格和价值观方面要注重自身的积极参与。一个积极阳光的人，比一个消沉低落的人更容易受欢迎。

其次要从收集信息开始锻炼自己的职业素质。大学生要为自己就业设置一个明确的目标，然后进行目标管理，这是一个锻炼自己职业技能的好机会。目标要从实用性、针对性角度出发，收集与行业有关的准确性和真实性信息。然后目标具体化，确定行业之中的某些公司。从用人单位的角度看，能够收集全面的信息是一个人能力和资源的体现。

最后制作好一份能够全面描述自己的求职简历。求职简历是对一个人最为正面的描述，对个人的生活最为积极的肯定。求职信的书写对于要从事文字工作的大学生来说，这是他能力的体现。求职信还表现着大学生为人处事的态度，因此大学生在求职信书写之时一定要注意展示自己真诚的态度，获得用人单位的许可。

（二）创业

1. 分析创业机会

创业机会，就是值得创业者投入自身全部精力和金钱的一个商业项目，与创业者自身有很大关系，具有主观性。创业机会来自于多种情况，著名管理学大师德鲁克认为，创业机会来自于出乎意料的情况，不一致的情况，产业结构和市场结构的转变，人口认知层次的变化，认知、情绪和意义的改变等等。

识别创业机会对于创业者来说十分重要。评价一个项目是否值得投资往往采用两种方法:定性分析法和定量分析法。尽管如此创业机会的评价和选择也是具有主观性,完全由创业者当时的认知和情绪决定。

大学生创业具有其他创业者所不具有的优势和弊端。大学生创业者富有激情,有闯劲,能够积极开拓市场。但是大学生的社会经验仍然是十分缺乏,常常为创业过程中的挫折而感到十分茫然。他们急于求成,缺乏市场意识,对创业的想法仍旧十分理想化。大学生对创业机会的选择有其独到性,这是他们的优势。他们能够接触最为前沿的领域,来自于生活的经验,使得他们希望将其市场化。

2. 提高自己的创业素质

一个创业者,必须具有一定的身心素质。这是创业成功必不可少的条件。首先在思想素质和心理素质方面,大学生必须具有较高的情商,对创业中的困难有锲而不舍的精神。其次创业者对创业过程中各种选择要能果断决定,这是创业者最主要的素质,没有在错综复杂的问题中看出光明前程的能力,是不能够成功创业的。再次,创业者要有良好的行业知识储备,创业者可能在管理经验上十分缺乏,在市场经验上十分不足,但是内功一定要硬,没有这些是不能成功的。最后,创业者要能够反思自身和团队。成功并不像你想象的那么难,但也没有那么简单。成功的道路上一定会有些磕磕绊绊,这时不仅要有毅力坚持下去,还要反思自己错误的原因,在再次遇上这种困难的时候让它成为你的助力。

第五节　廉洁教育

廉洁是当前我国社会面临的一项重大挑战。大学生即将走向社会,对他们进行廉洁教育对整个社会空气净化都有重要意义。在他们未走向工作岗位之前,打好预防针,把腐败围堵在大学生的思想之外。

一、从"腐败"定义"廉洁"

"腐败"是"廉洁"的对立面，只有与腐败行为保持距离的人，才能称得上廉洁之人。

学界有很多学者都对腐败做出了定义，主要有以下几种：

第一，以公共职位为中心的定义，腐败是公职人员违背法律和规则、滥用公共权力以取得非正当利益的行为。

第二，以市场为中心的定义。腐败是将公共权力商品化，实现公共权力和私人及团体利益的交换。

第三，以公共利益为中心的定义。腐败是为了特殊利益（私人的、小团体的或者某个政党的）而忽略或者损害公共利益的行为。

从上述腐败的定义中可以看到腐败两个最为核心的因素：公共权力和公共利益。以公共权力为中心的腐败定义，说明了腐败的核心是公共权力的异化；以公共利益为中心的腐败定义，说明了腐败的目的是损害公共利益满足小集体自身需求。因此从这个意义来看，廉洁者往往能够把握底线，在适当范围内安排自己的活动。

二、廉洁社会的基本特征

廉洁社会是一种理想社会状态。廉洁社会，有助于实现政治民主，推动经济发展，维护公平正义。廉洁社会由廉洁政治、廉洁经济、廉洁文化和廉洁公民组成。大体上，廉洁社会具有以下这些共同特征。

（一）公职人员廉洁自律

公职人员奉公守法是廉洁社会的一个显著标志。公职人员的行为是一个社会的象征，是社会公民关注的焦点。公职身份具有双重性，公职人员同样要追求自身利益的最大化。双重性的社会身份会产生一定的利益冲突。为防止利益冲突，公职人员被要求严格按照国家的法律规定办事，并在行政道德规范的引导下，自觉地谋求公共利益。国家也相应地建立了一系列的机制，防止利益冲突的结果偏向自身利益。一般而言，廉洁社会的风气把这些法律制度内化，形成了奉公守法、廉洁自律的价值观。

（二）公共权力得到监督和制约

廉洁社会最基本的特征是在廉洁社会中，公共权力得到了监督和制约，滥用公共权力的现象得到遏制。腐败是滥用公共权力。实现廉洁，就要杜绝滥用公共权力现象，要使公共权力受到监督和制约，使行使者不能、不敢滥用。这个特征可从以下三个方面分析。

1. 法律制定公正无私

法律是制约公共权力的强有力武器。遏制腐败，实现社会廉洁，就要有完善、公平、公正的法律体系。在现实的社会制度中，存在着很多维护小团体利益的法律。

2. 政府权力运行透明公开

政策制定高度透明是廉洁社会的重要特征。政府公开信息，一方面可以实现自我规范，政府权力在法定程序下运行；另一方面公众可以了解政府，保障公民的知情权，以便实施监督。阳光、公开、透明是腐败的天敌。芬兰政府政策透明，清廉指数最近几年连续排名第一。

3. 依照法律严格执法

“良法”是廉洁社会构建的前提，然而还必须要严格执法。只有严格执法，才能实现公共权力落到实处。执法过程中出现腐败现象，就会纵容一系列腐败行为。廉洁社会必须要廉洁执法，确保法律的公正和无私。

(三)私人部门遵纪守法,公平竞争

社会廉洁,不仅包括政府部门,也包括私人部门。进一步看,政府是否廉洁,在一定程度上也受到私人部门影响。在历史上,廉洁社会的共同特点,就是私人部门廉洁。在廉洁社会中,私人部门遵纪守法、公平竞争,可以概括为两个方面:一方面在市场竞争中公平追求部门利益;另一方面,私人部门应自觉承担社会责任,其中包括构建廉洁社会责任。

廉洁社会中,市场竞争机制不断完善,私人部门要严格按照法律程序行事,特别是在私人部门与公共部门接触时。在私人部门内部,各经营者之间展开良性竞争,排斥不正当竞争和商业贿赂。

(四)公共利益和公民合法权益得到维护

反腐倡廉的目的就是维护公共利益和公民合法权益。廉洁社会是公共权力合理利用,公共资源实现合理分配的社会。公共利益的维护是公共权力行使的目标,而腐败却是与这一目标背道而驰的。廉洁社会要确保公共利益不被损害,因此要能够保障公民的合法权益。在法律面前,公民人人平等,包括政府高级官员在内。任何公民违反法律规范时,都能受到法律的惩处。

三、大学生廉洁教育的意义

大学生进行廉洁教育的目的在于培养大学生的廉洁意识,提高大学生的素质,自觉抵制腐败并举报腐败,从而使腐败无处藏身。在当代中国社会,党中央坚持对腐败刻不容情、依法办理,不管官员处于什么职位,发现腐败行为,则立即移送司法审理。近两年来,有多名省部级以上官员因涉及腐败被移送司法机关,厅局级官员则要更多。大学生是社会的精英,是社会的栋梁,因此,

对大学生进行廉洁教育具有特殊的意义。

（一）大学生廉洁教育是净化社会环境的需要

一个廉洁的社会，既包括公务人员的廉洁，也包括社会其他成员的廉洁。为了抑制公职人员的腐败动机，我们开展了廉政教育和干部教育。但是，仅仅抑制公职人员的腐败动机，也存在一定的局限性。因为公职人员并非生活在真空里，其思想意识在很大程度上受到社会大环境的影响。某些公职人员最终走上滥用权力的道路，固然有其自身思想蜕变的内在原因，但是来自社会的种种诱惑，也是导致其走向堕落的重要原因。腐败交易通常存在需求和供给两方面，而且两者之间经常互相激发。所以，只有同时从供求两个环节入手，才有可能从根本上切断腐败行为发生的链条。因此，只有建立一个相对清廉的社会，才能在全社会树立以贪为耻、以廉为荣的社会氛围，才能加强整个社会的免疫力。高校是社会环境的重要组成部分，大学生是未来廉洁社会的主要建设者。在大学生中进行廉洁教育，意义尤其重大。没有廉洁的社会，清廉政治、廉洁政府也就无从谈起。

（二）大学生廉洁教育是建立惩防腐败体系的需要

高校对大学生进行廉洁教育，是建立健全教育、制度、监督并重的惩治和预防腐败体系的重要任务。坚持标本兼治、综合治理、惩防并举、注重预防的方针，建立健全教育、制度、监督并重的惩治和预防腐败体系，是中共中央在总结历史经验、科学判断形势的基础上做出的重大战略决策，也顺应了全球反腐战略转变的形势。国际透明组织认为廉洁教育对于预防腐败至关重要，因为制度再完美，也无法彻底防止腐败。

对大学生进行廉洁教育，正是彻底防止腐败的一个重要措施。中共中央颁布的《建立健全教育、制度、监督并重的惩治和预防腐败体系实施纲要》明确要求，反腐倡廉教育要面向全社会，把思想教育、纪律教育与社会公德、职业道德、家庭美德教育和法制教育结合起来；要大力加强廉政文化建设，积极推动廉政文化进社区、家庭、学校、企业和农村；要把廉洁教育作为青少年思想道德教育的重要内容，培养青少年正确的价值观念和高尚的道德情操。对大学生的廉洁教育是一项基础性工程，目的之一就是要让大学生们认识到什么是腐败、什么是廉洁，这样才能自觉抵制腐败并检举腐败。

对全社会进行廉洁教育（包括对大学生进行廉洁教育）也吸取了香港反腐败的经验。香港廉政公署的工作经验表明，肃贪工作只有得到市民的支持才能取得成功。香港廉政公署采用调查、预防、教育“三管齐下”的治腐策略，其下属的社区关系处的主要任务就是向市民宣传肃贪倡廉，提倡公民意识，培养市民的社会责任感和良好道德，积极争取市民的支持。香港廉政公署的经验启示我们：必须建立稳固持久的群众廉政动员和教育体系，通过严格执法取信于民，最终营造一个推崇诚信、反对腐败的社会氛围。

（三）大学生廉洁教育是构建社会和谐的需要

人是和谐社会的主体，社会成员的道德自律、社会群体的和谐相处、社会风尚的良好导向，对于推动社会和谐十分重要。但是，腐败行为影响了社会有机体各要素之间的和谐关系，阻碍了社会主义和谐社会的建设。因此，构建和谐社会必须坚持反腐倡廉，彻底清除阻碍社会和谐发展的毒瘤。教育的终极目的在于人性的完善与提高和社会的发展两个方面。教育的目的决定了教育对深入推进反腐倡廉、构建和谐社会有着责无旁贷的社会责任。

清正廉洁实质上是做人的一条基本底线，是人性完善的基本要求。将大学生廉洁教育和思想品德教育融为一体，让他们树立起积极、健康、向上的理想信念，形成正确的价值观念，夯实“公平正义、诚信友爱”的道德基础，提高廉洁公正素质和抵御腐败的能力，既完全符合个人成长成才的规律和教育规律，又可以直接为构建和谐社会提供人性完善的人才资源。因此，加强大学生廉洁教育，作为构建和谐社会的基础性工程，是我们必须肩负的重要使命。

（四）大学生廉洁教育是高校培养目标实现的需要

人才对于一个国家来说是最宝贵的资源，是保持一个国家综合国力和核心竞争力的决定性因素。高素质人才甚至决定一个组织、一个国家、一个民族的兴衰。我国历来重视人才的培养，为了不断加强和改进大学生的道德教育，提高他们的道德素质，把他们培养成为合格建设者和可靠接班人，我国政府把大学生的培养及高等教育改革提到了重要的议事日程。对大学生开展廉洁教育是我国政府综合分析国际、国内形势，为培养全民的廉洁意识所做出的重要决策之一。

高等学校的重要任务之一是为国家和社会培养大批高质量的德、智、体、美全面发展的建设者和接班人。大学生应该是比普通人水准更高的“道德人”，应该成为“国民表率、社会栋梁”。要实现这个目标，既要求他们扎扎实实学好专业知识、掌握本领，同时也要把他们培养成为有远大理想、坚定信念、政治合格、作风正派的合格人才，使他们能够与时代同步伐、与祖国共命运、与人民同呼吸共奋斗。

（五）大学生廉洁教育是高校德育的重要内容，是大学生健康成长的需要

高校是直接与社会接轨的人才培养平台，大学生将从这里走上社会，接受社会的选拔和检验，成为党政机关、企事业单位等各条战线上的领导者、管理者和主力军。对他们进行廉洁教育，是高校德育不可或缺的内容，是贯彻落实《中共中央关于进一步加强和改进大学生思想政治教育的意见》的重要举措。

全面启动和积极推进大学生廉洁教育，使大学生廉洁教育成为高校思想政治教育的重要组成部分，并通过开展大学生廉洁教育的理论研究和丰富的教育实践活动，逐步形成大学生廉洁教育

的目标体系、内容体系、方法体系，是丰富和完善高校德育内容体系的迫切需要。

大学生正处在世界观、人生观、价值观形成的关键时期，这个时期的教育，对大学生能否健康成长具有至关重要的影响。廉洁、正直和诚实是做人的基本准则之一，廉洁教育是大学生思想道德教育的重要组成部分，是加强和改进大学生思想政治教育不可缺少的重要内容。

四、加强大学生廉洁教育

（一）廉政道德建设教育

廉政建设的主体是领导干部。俗话说，上梁不正下梁歪。各级领导干部作为教育及学校管理的骨干，他们的廉洁与否对于大学生廉洁教育至关重要。

1. 重视人文精神

在社会化腐败面前，我们应该深思，是什么导致了整个社会的腐败。其中重要原因就是我们的精神被物化了，人文精神遭受了冷遇。一个健全的社会离不开良好文化体系的支撑。一个国家文化底蕴越深厚，民风也就更纯洁，公民素质也会随之提高。

2. 大力弘扬中华民族传统美德

在西方文化横行的今天，我们要坚守住我们的道德家园，我们要弘扬中华民族的传统美德。各个高校都非常注重对大学生进行中华民族传统美德的教育。要把我国古代的廉洁教育先进经验与当代共产主义道德、与中华民族伟大复兴的梦想结合起来对大学生进行廉洁教育。

(二)加大廉洁文化教育的力度

1. 真正实现廉洁文化的教育

大学生的廉洁教育绝不仅仅是口号的宣传,而是廉洁文化的建设。我们要利用大众传播媒体,在电视媒体、网络媒体等大力度进行廉洁文化的宣传,在全社会形成具有导向作用的廉洁文化氛围。

2. 真正实现廉洁教育的全民化

廉洁文化是一种先进文化,先进文化具有熏陶功能。我们要实现廉洁教育的开放化、全民化。传统意义上的廉洁教育仅仅局限于"会场",这是远远不够的。我们要将廉洁文化全面推向便于全民参与的开放式广场,使廉洁文化通过"广场"进入了广大人民心中,尤其是对当代大学生发挥潜移默化的教育作用。

3. 真正实现廉洁教育的生活化、现实化

大学生廉洁教育的目的就是要使广大大学生在现实生活中的思想和行为保持清廉。高校学生要积极参与到廉洁文化教育中,人人促廉,人人保廉,使当代大学生自觉地保持清廉。

第六节　法治教育

2009 年 9 月,中共中央组织部、中共中央宣传部、中共中央政法委员会和教育部联合发文,明确提出:"要积极推动社会主义法治理念教育纳入各级各类高等学校的思想道德及法学教育的教材,明确不同层次的教学要求,培养大批既有深厚研究造诣,又有丰富教学经验的师资力量,真正使社会主义法治理念'进教材、进课堂、进学生头脑'。"[①]

---

① 中共中央政法委员会．社会主义法治理念读本．北京:中国长安出版社,2009,第 3 页

一、加强社会主义法治理念教育

(一)社会主义法治理念的内涵

“社会主义法治理念”是在认真总结我国法治建设实践经验，借鉴世界法治文明成果的基础上而提出的。概念一经提出，就受到了我国学术界的广泛关注。目前，我国学术界关于社会主义法治理念的概念解读大体上有以下几个方面：

第一，社会主义法治理念是体现社会主义法治内在要求的一系列观念、信念、理想和价值的集合体，是指导和调整社会主义立法、执法、司法、守法和法律监督的方针和原则。①

第二，社会主义法治理念是以马克思主义为指导，通过总结新中国民主法制建设的历史经验教训而形成的先进理念。社会主义法治理念体系和内容的确定，体现了我党执政理念的更新、执政理论的创新和执政实践的发展。②

第三，社会主义法治理念反映和指引着社会主义法治的性质、功能、目标方向、价值取向和实现途径，是社会主义法治的精髓和灵魂，也是立法、执法、司法、守法和法律监督的指导思想。③

综上，我们认为，社会主义法治理念是以马克思主义法学理论为指导，体现了社会主义法治本质即每个人解放和自由发展的内在要求，内蕴着公平、正义、权利、秩序等诸多价值，是对社会主义法治建设应然图景的系统认知和宏观概括。社会主义法治理念反映并指引着社会主义法治实践的发展方向和价值取向，社会主义法治实践又进一步丰富和发展了社会主义法治理念的具体

① 本书编写组．社会主义法治理念教育干部读本．北京：方正出版社，2006，第2页

② 谢鹏程．论社会主义法治理念．中国社会科学，2007(1)

③ 中共中央政法委员会编．社会主义法治理念读本．北京：中国长安出版社，2009，第4页

内容。社会主义法治的实现过程，就是不断实践、落实并进一步丰富、发展与完善社会主义法治理念的过程。

（二）社会主义法治理念的双重性质

社会主义法治理念具有两方面的性质：其一是其政治属性，其二是其文化属性。政治属性和文化属性作为社会主义法治理念的内在规定性，需要一起综合加以考量，不可偏废其中的任何一方。

1. 社会主义法治理念的政治属性

作为一种治理手段，社会主义法治理念具有较强的政治属性。要清楚地理解社会主义法治理念的这一特征，就必须弄明白法律的本质这个问题。马克思、恩格斯认为法律的本质是统治阶级共同利益以国家意志的形式表现出来的整体意志，是特定历史条件下生产方式和交往形式的必然反映。法治理念是对法律本质认知的反映与升华，同样受制于特定历史下的生产方式和交往形式。

当代中国仍是社会主义社会，其经济基础是以社会主义公有制为主体、多种经济成分共同发展，坚持走中国特色社会主义道路，这一经济基础说明我国社会主义法治有我国自身的独特属性。社会主义法治理念产生于社会主义经济基础之上，来源于对社会主义法治建设的实践，体现了社会主义法治内在要求的一系列观念、信念、理想和价值，是社会主义法治的内在要求、精神实质和基本原则的概括和反映。因此，对大学生开展社会主义法治理念教育是对党社会主义法治建设思想最新理论成果的教育，是学习中国特色社会主义理论体系的重要组成部分，不能孤立地就法治而谈法治，更需要把它放到整个中国特色社会主义建设事业的大背景下来加以考量。

2. 社会主义法治理念的文化属性

社会主义法治理念是对多元文化优秀元素兼容并蓄的开放

体系，在时间维度上彰显了古今传统，在空间维度方面体现了中西差异。从大的方面来讲，社会主义法治理念继承、丰富和发展了人类法治文明成果。

首先，社会主义法治理念离不开中国传统法律文化的影响。任何法律都是在其社会文化传统的浸染中形成、成熟、发展的，要让人们遵循彻底脱离其母体的法律必然会陷入无所适从的精神困境。儒家思想在经董仲舒改造以后，将法家思想合理地融入进去，成为我国两千多年来社会治理的主导思想。这就说明，中国传统政治文化之中包含了法家思想，是当代社会法治文化的重要根基。

其次，社会主义法治理念离不开对西方法治文明精华的吸收。中国社会经历了五四以来的大变革之后，西方法治文化深刻影响到我国人才培养的机制，从而对我国法律体系建设也带来深刻影响。因此我国社会主义法治理念必然包含西方法治文化的精华。

（三）社会主义法治理念教育的内容

依法治国、执法为民、公平正义、服务大局、党的领导是社会主义法治理念教育内容的五个重要方面。依法治国是核心，执法为民、公平正义、服务大局是要求，党的领导是始终都要坚持的基本原则。

1. 依法治国

坚持依法治国，是遵守党章和贯彻依法治国基本方略的必然要求。坚持依法治国，就把握了改革和完善党的领导方式和执政方式的核心，抓住了提高党执政水平的关键。

宪法和法律是一个国家和社会稳定的前提与基础。依法实施对国家和社会的领导，是法治国家对政党活动的基本要求。坚持依法执政，就能从制度和法律上保证党发挥总揽全局、协调各方的领导核心作用，保证党和国家的长治久安。

社会主义法治与社会主义民主有天然的内在联系，两者相互依存、相互作用、相辅相成。全面落实依法治国基本方略，就必须把依法治国与社会主义民主建设紧密结合起来，实现两者的系统发展；必须把依法治国与充分发扬人民民主、尊重保障人权紧密结合起来，真正体现社会主义民主法治以人为本、人民当家做主的本质属性。

2. 执法为民

执法为民就是执法人员按照党的宗旨和法律精神的本质要求，把实现好、维护好、发展好最广大人民的根本利益，作为执法工作的根本出发点和落脚点，在各项执法工作中切实做到以人为本、执法公正、一心为民。

执法为民理念，是由党全心全意为人民服务的根本宗旨所决定的。中国共产党是中国最广大人民群众根本利益的忠实代表。执法机关作为党领导下的为人民服务的工具，其自身性质和宗旨必然符合党以及国家政权的性质和宗旨，并始终与之保持一致。所以，一切为了人民的利益，一切从人民的利益出发，是执法机关和所有执法工作的必然选择。

3. 公平正义

依法治国的重要目标就是在全社会实现公平和正义。法治更深层次的意义在于公平正义的精神和价值通过法的适用、实施，在执法实践中得到实现、彰显和弘扬。只有牢固树立公平正义的理念，让公平正义的精髓渗透在法治实施的全过程，使公平正义成为人们看得见、实实在在感受得到的结果，社会主义法治才能真正成为吸引并惠及广大人民群众的伟大实践。

社会主义和谐社会应当是公平正义的社会。在和谐社会中，社会各方面的利益关系得到妥善安排，人民内部矛盾得到正确处理，人民群众的积极性、主动性、创造性得到充分发挥，全体人民能够平等友爱、融洽相处，所有这些都是公平正义得到实现的标志。与此同时，公平正义又是社会和谐的重要基础和保障。只有致力于实现和维护社会公平正义，社会主义和谐社会才会获得坚实的基础，才能实现长久的、稳定的和谐。

4. 服务大局

服务大局是社会主义法治理念的重要内容。社会主义法治要服务大局，就是要保障社会主义经济建设、政治建设、文化建设、社会建设和生态建设，为全面建成小康社会，建设富强、民主、文明、和谐的社会主义国家，创造和谐稳定的社会环境和公正高效的法治环境。

法治归根结底是受国家建设的大局和根本任务所决定并为之服务的。党和国家的根本任务是统领我国社会建设的重要指针。法治也必须要和这一根本指针统一一致。综观我国社会主义法治建设的历史与现实，法治的目的和任务都是为我们党和国家不同历史时期所确立的根本任务和发展目标服务的。

5. 党的领导

(1)坚持党的领导是我国宪法确定的一项基本原则

我国宪法在序言中明确指出："中国各族人民将继续在中国共产党领导下，在马克思列宁主义、毛泽东思想、邓小平理论和'三个代表'重要思想指引下，坚持人民民主专政，坚持社会主义道路，坚持改革开放，不断完善社会主义的各项制度。"这就说明中国共产党的领导地位是以根本大法的形式确立的，是社会主义法治建设的一项根本原则，是具有宪法依据的。

(2)坚持党对执法和司法工作的领导是执法和司法机关的性质和任务决定的

任何时候、任何情况下，执法和司法工作都要与党的领导保持高度一致，绝不能有丝毫动摇。首先，坚持党的领导，是由执法和司法工作的性质决定的。我国宪法明确规定："中华人民共和国是工人阶级领导的、以工农联盟为基础的人民民主专政的社会主义国家。”人民民主专政包含两层含义：一是人民主权，其核心精神是国家权力来自人民，人民拥有平等的权利，国家保障人民的权利。二是人民专政，其核心精神是实现人民民主，除了要实现对人民内部实行最广泛的民主外，还要同时实现对敌对阶级和敌对势力的阶级专政，只有这样，对人民内部的最广泛民主才有保证。在中国，政法机关是人民民主专政的主要力量，是处理人民内部矛盾的主要机构重要组成部分。政法机关的职责是巩固共产党执政地位、维护国家长治久安、维护社会公平正义、保障人民安居乐业、促进经济社会发展。在所有的任务中，保护党领导下人民当家做主的政权，是其首要的任务，是根本性的任务。

其次，坚持党的领导，也是由执法和司法工作所肩负的任务决定的。全国各族人民正在中国共产党的领导下全面建成小康社会。广泛的民主、健全的法治、有效的秩序、稳定的政权和安全的国家，是中国经济和社会健康发展的根本保证，而这一切都有赖于执法和司法工作。没有党统一而坚强的领导，执法和司法机关单靠自身是无法完成法律赋予的巩固共产党执政地位、维护国家长治久安、维护社会公平正义、保障人民安居乐业、促进经济社会发展的重大历史责任和使命的。

二、普及社会主义法律体系内容的宣传、教育

建立有中国特色的社会主义法律体系，是我国经济发展和社会全面进步的必然要求，也是实现国家长治久安的重要保证。新中国成立以来，特别是改革开放以来，适应社会主义现代化建设的需要，中国的立法工作取得了巨大的成就，以宪法为核心的中国特色社会主义法律体系基本框架已经初步确立。中国特色社会主义法律体系的基本框架或者基本结构如下。

（一）宪法

作为法律部门的宪法，是规定国家和社会的根本制度，公民

的基本权利和义务，国家机关的地位、组织和活动原则等重大社会关系的法律的总称。“宪法”可以指作为我国社会主义的根本大法的一种法律渊源，也可以指规范性法律文件的宪法，还可以指作为同类规律总称的宪法部门。宪法作为法的渊源具有最高的法律效力和地位，一切法律、法规和规范性法律文件都依据宪法而制定，不得违背宪法的规定；宪法的制定有着特殊的方式和程序。作为部门法的宪法，是我国社会主义法律体系的基础和主导性的法律部门，是其他部门法所有规范性法律文件的最高依据。作为规范性法律文件的宪法，是我国宪法法律部门的基础性的法律文件。总之，宪法作为一个法律部门，处于特殊的地位和起着重大的作用。

作为宪法部门，除 1982 年 12 月 4 日第五届全国人大第五次会议通过的《宪法》(后经 1988 年、1993 年、1999 年、2004 年第七、八、九、十届全国人大修订，共有 31 条修正案）作为占主导地位的法律文件以外，还有处于附属层次的法律，主要规范性文件有：

(1)关于国家主权及其标志立法，有：《国籍法》(1980 年)、《国旗法》(1990 年)、《国徽法》(1991 年)、《反国家分裂法》(2005 年)、《领海及毗连区法》(1992 年)、《专属经济区和大陆架法》(1998 年)。

(2)特别行政区基本法：《香港特别行政区基本法》(1990 年通过，1997 年 7 月 1 日实施）和《澳门特别行政区基本法》(1993 年通过，1999 年 12 月 20 日实施)、《香港特别行政区驻军法》(1996 年)和《澳门特别行政区驻军法》(1999 年)。

(3)民族区域自治法：《民族区域自治法》(1984 年制定，2001 年修正)。

(4)选举法和代表法：《全国人民代表大会和地方各级人民代表大会选举法》(1979 年制定，1982 年、1986 年、1995 年、2004 年修正)、《全国人民代表大会和地方各级人民代表大会代表法》(1992 年)。

(5)国家机构组织法：《全国人民代表大会组织法》(1982 年)、《国务院组织法》(1982 年)、《人民法院组织法》(1979 年制定，

1983 年、1986 年、2006 年修订)、《人民检察院组织法》(1979 年制定,1983 年修订)、《地方各级人民代表大会和地方各级人民政府组织法》(1979 年制定,1982 年、1986 年、1995 年、2004 年修正)。

(6)立法法和人大议事程序法:《立法法》(2000 年)、《全国人民代表大会议事规则》(1989 年)、《全国人民代表大会常务委员会议事规则》(1987 年)。

(7)居民、村民自治法:《城市居民委员会组织法》(1989 年)、《村民委员会组织法》(1987 年试行,1998 年修订)。

(8)法官法、检察官法:《法官法》(1995 年,2001 年修正)、《检察官法》(1995 年,2001 年修正)。

(9)公民基本权利保障法:《集会游行示威法》(1989 年)、《戒严法》(1996 年)、《归侨侨眷权益保护法》(2000 年修正)、《国家赔偿法》(1994 年)、《各级人民代表大会常务委员会监督法》(2006 年)。

(10)其他附属法律和涉外法律和规范性法律文件,如《缔结条约程序法》(1990 年)、《外交特权与赦免条例》(1986 年)、《领事特权与豁免条例》(1990 年)等。

(二)行政法

1. 行政法的概念

行政法是指关于规范和调整国家行政关系的法律的总称。行政法主要包括关于行政管理体制、行政管理基本原则、行政机关活动的方式、方法、程序以及有关国家机关工作人员的法律规范。

2. 一般行政法和特别行政法

一般行政法,是指对一般的行政关系加以调整的法律规范的总称。它规范和调整国家行政机关的组织、任务、职权范围和活动方式,国家管理活动的任务、原则、方式和方法,国家行政管理人员的地位、相互关系、职权和职责,社会组织和公民个人在行政关系中的地位、权利和义务等，如行政组织法、公务员法、行政处罚法、行政程序法等。主要的规范性法律文件有：《行政许可法》（2003 年）、《行政诉讼法》（1987 年）、《行政处罚法》（1996 年）、《行政监察法》（1997 年）、《行政复议法》（1999 年）、《公务员法》（2005 年）和《人民警察法》（1995 年）。这方面的法律、法规还相当缺乏，亟需制定。

特别行政法，是指对特别的行政关系加以调整的法律规范的总称。它规范和调整各个行政职能部门的行政关系，其中包括国家安全和社会公共安全行政法、体育行政法、教育行政法、民政行政法、卫生行政法、交通行政法、基建行政法、海关行政法、科技行政法和司法行政等等。这方面的规范性法律文件，在法律体系中是最多的一个法律部门，主要有：《国家安全法》（1993 年）、《保守国家秘密法》（1988 年）、《人口与计划生育法》（2001 年）、《居民身份证法》（2003 年）、《土地管理法》（1986 年制定，1988 年修正、1998 年修订）、《城市房地产管理法》（1994 年制定，2007 年修正）、《建筑法》（1997 年）、《铁路法》（1990 年）、《邮政法》（1994 年）、《测绘法》（2002 年）、《城乡规划法》（2007 年）、《教师法》（1993 年）、《义务教育法》（1986 年，2006 年修订）、《体育法》（1995 年）、《教育法》（1995 年）、《高等教育法》（1998 年）、《职业教育法》（1996 年）、《教育促进法》（2002 年）、《学位条例》（1980 年，2004 年修正）、《科学技术进步法》（1993 年）、《执业医师法》（1998 年）、《食品卫生法》（1982 年试行，1995 年修改、废止试行）、《药品管理法》（1984 年制定，2001 年修订）、《传染病防治法》（1989 年制定，2004 年修订）、《职业病防治法》（2001 年）、《献血法》（1997 年）、《档案法》（1987 年，1996 年修正）、《消防法》（1998 年）、《通用语言文字法》（2000 年）、《文物保护法》（2002 年）、《野生动物保护法》（1988 年制定，2004 年修正）、《海关法》（2000 年修正）、《防震减灾法》（1997 年）、《突发事件应对法》（2007 年）、《治安管理处罚法》（2005 年）、《律师法》（1996 年制定，2001 年、2007 年修订）、《公证法》（2005 年）、《人民调解委员会条例》（1989 年）、《监狱法》（1994 年）。

（三）民法和婚姻家庭法

1. 民法

民法是指调整平等主体的公民之间、法人之间、公民和法人之间的财产关系和人身关系的法律规范的总称。

根据概念可知，适用于民事法律规范的法律关系主体的地位是平等的；财产关系是指包括以财产所有权为主的物权、债权、继承权、知识产权关系；人身关系是指无直接财产内容，但可以成为取得财产权利的前提，与人身不可分离的一种社会关系，包括人格权和身份权。1986年制定的《民法通则》和2007年制定的《物权法》是主要的规范性法律文件，同时还有一系列单行的法律、法规。

主要规范性文件有：

（1）民法通用基本原则和主要法律规范：《民法通则》（1986年）。

（2）物权法：《物权法》（2007年）。

（3）合同法：《合同法》（1999年）、《招投标法》（1999年）、《电子签名法》（2004年）。

（4）民事侵权行为法：这方面的法律规定散见于《民法通则》和其他单行法中，目前没有制定单行的民事侵权行为法。

（5）知识产权法：《商标法》（1982年制定，1993年、2001年修正）、《专利法》（1984年制定，1992年、2000年修正）、《著作权法》（1990年制定、2001年修正）、《实施国际著作权条约的规定》（1992年）、《音像制品管理条例》（2001年），以及国务院制定的其他关于相应法律的实施细则或者条例。

2. 婚姻家庭法

婚姻家庭法是指调整婚姻和家庭关系的法律规范性文件的总称。有的将该部分法律归入民法部门，有的主张单独列为一个部门。因为民法中的一些基本原则，如等价交换等，不完全适用于婚姻和家庭关系，所以单独列为一个部门法比较合适。新中国成立后，我国制定的第一部法律，就是1950年颁布实施的《婚姻法》，现行《婚姻法》是在1980年制定的，在2001年经过了修正。

婚姻家庭法主要规范性法律文件有：《婚姻法》(1980年制定，2001年修正)、《婚姻登记管理条例》(1994年)、《中国公民同外国人办理婚姻登记的几项规定》(1983年)、《收养法》(1991年制定、1998年修订)、《继承法》(1985年)。

(四)商法

1. 商法的内涵

商法是指调整商事法律关系主体和商业活动的法律规范的总称。

商法起源于18世纪英国的商人法，在普通法法系国家，商法一般不构成一个独立的法律部门，仅是一个概括性的名称，主要指合同法和财产法中那些与企业组织和商业惯例有关的内容，无论是商业性的交易还是朋友之间的交易，适用相同的法律，在法律上没有商人和商业的分类。

在大陆法系国家，源于1807年制定的《法国商法典》的民商分立传统，民法与商法一般是独立的或分立的法律部门，民事关系和商事关系用不同的法律规定，适用不同的法律，商法一般是不适用于普通消费者的。但后来，也有的大陆法系国家采用民商合一的方式。

2. 属于商法的主要规范性法律文件

(1)公司法：《公司法》(1993年制定，1999年、2004年、2005年修订、修正)、《公司登记管理条例》(1994年制定，2005年修订)。

(2)证券法：《证券法》(1998年制定，2005年修正)、《证券投资基金法》(2003年)。

(3)票据法：《票据法》(1995年制定，2004年修正)。

(4)担保法：《担保法》(1995年)。

(5)拍卖法:《拍卖法》(1996年制定,2004年修正)。

(6)信托法:《信托法》(2001年)。

(7)期货交易法:《期货交易管理条例》(2007年)。

(8)海商法:《海商法》(1992年)。

(9)贸易法:《对外贸易法》(1994年制定,2004年修订)、《进出口商品检验法》(1989年)。

(五)经济法

1. 经济法的内涵

经济法是国家在实现管理经济的职能中调整国民经济关系的法律规范的总称。

经济法在我国是自20世纪80年代初期新兴起的一个法律部门。由于社会经济关系的多样化和复杂化,经济关系之间互相交错和融和,致使我国法学界对于经济法作为一个独立的法律部门的划分,与民法、行政法、环境法、商法以及劳动法长期存在分歧和争论。主要是在关于调整的社会关系的范围大小和调整的对象(主体)上存在着争论。在1986年《民法通则》颁布之后,民法同经济法的界限大体上确定了下来,即平等主体的经济关系属于民法范围,不平等主体的经济关系属于经济法。

2. 我国主要的经济法方面的法律

(1)关于国民经济和社会发展规划、计划和政策的法律:《中华人民共和国国民经济和社会发展第十一个五年(2006—2010年)规划纲要》(2006年)、《国家中长期科学和技术发展规划纲要》(2006—2020年)(2006年)等。

(2)关于经济体制改革的原则、方针和政策的法律:《全民所有制工业企业转换经营机制条例》(1992年)、《关于深化企业改革搞好国有大中型企业的意见》(1995年)、《国务院关于金融体制改革的决定》(1993年)、《国务院关于深化对外贸易体制改革的决定》(1994年)等。

(3)预算法:《预算法》(1994年)。

(4)审计、会计、统计和计量法:《审计法》(1994年制定,2006年修正)、《会计法》(1985年制定,1999年修订)、《注册会计师法》(1993年)、《统计法》(1993年制定,1996年修正)、《计量法》(1985年)、《标准化法》(1988年)以及相应的实施细则或条例。

(5)农业法:《农业法》(1993年制定,2002年修订)、《农村土地承包法》(2002年)、《农民专业合作社法》(2007年)、《种子法》(2000年制定,2004年修正)。

(6)企业法:《全民所有制工业企业法》(1988年)、《城镇集体所有制企业条例》(1991年)、《私营企业暂行条例》(1988年)、《合伙企业法》(1997年制定,2006年修订)、《个人独资企业法》(1999年)、《中小企业促进法》(2002年)、《中外合资经营企业法》(1979年制定,1999年、2001年修正)、《中外合作经营企业法》(1988年制定,2000年修正)、《外资企业法》(1986年制定,2000年修正)、《企业破产法》(2006年)。

(7)银行法:《人民银行法》(1995年制定,2003年修正)、《商业银行法》(1995年制定,2003年修正)、《银行业监督管理法》(2003年制定,2006年修正)、《反洗钱法》(2006年)以及有关外汇、信贷和储蓄管理的法律。

(8)市场秩序法:《反不正当竞争法》(1993年)、《价格法》(1997年)、《消费者权益保护法》(1993年)、《产品质量法》(1993年制定,2000年修正)、《农产品质量法》(2006年)、《广告法》(1994年)、《反垄断法》(2007年)、《政府采购法》(2002年)等。

(9)税法:《个人所得税法》(1980年制定,1993年、1999年、2005年、2007年修正)、《税收征收管理法》(1992年制定,1995年修正、2001年修订)、《企业所得税法》(2007年)和其他各种单行的税法等。

(六)社会法

社会法是指调整和规范劳动、社会保障、社会福利关系和特殊群体权益保障方面的关系的法律的总和。

社会法是在国家干预社会生活过程中逐渐发展起来的一个法律门类,所调整的是政府与社会之间、社会不同部分之间的法律关系。其调整的社会关系,主要包括劳动关系,社会保障关系、社会福利关系以及社会特殊群体权益保障关系。

其中,调整劳动关系的法律是作为第二层次的社会法的劳动法,它是指调整关于劳动关系以及由劳动关系产生的其他关系的法律规范的总称。它包括劳动就业、劳动合同、劳动时间、劳动报酬、休假、劳动安全、劳动卫生、女工和未成年工保护、职业培训、劳动纪律、劳动争议处理等问题的法律调整和规定。

调整关于社会保险和社会福利关系的法律规范,主要是对于年老、患病、残疾、待业等丧失劳动能力者的物质帮助的各种措施,包括劳动保险、职工待业保险、职工生活困难补助以及农村中的“五保”等社会保险和对于社会成员福利的法律规定。

作为单独的法律部门的社会法的确立、发展和完善,对于社会的稳定和生产的发展,具有特殊的意义。尤其是我国正处于经济体制改革的关键时期,特别是 1998 年 3 月全国人大第九次会议通过的国务院机构改革方案,在劳动部的基础上组建劳动和社会保障部,说明我国政府对于社会保障的重视和强调,那么,社会法作为一个法律部门就更具有其重要和深远的意义。

社会法部门的主要规范性法律文件有:《劳动法》(1994 年)、《安全生产法》(2002 年)、《矿山安全法》(1992 年)、《工会法》(1992 年制定,2001 年修正)、《女职工劳动保护规定》(1988 年)、《职业病防治法》(2001 年)、《残疾人保障法》(1990 年)、《未成年人保护法》(1991 年)、《预防未成年人犯罪法》(1999 年)、《母婴保健法》(1994 年)、《老年人权益保障法》(1996 年)、《妇女权益保障法》(1992 年)、《保险法》(1995 年制定,2002 年修正)、《红十字会法》(1993 年)、《公益事业捐赠法》(1999 年)等。

（七）环境法

1. 环境法的内涵

环境法是指调整保护人类生存环境和自然资源、防治污染和其他公害方面关系的法律总称。环境法主要指自然资源法和环境保护法，自然资源法是指对各种自然资源的规划、开发、利用、治理和保护等方面关系调整的法律，主要包括有土地、水、森林、草原、矿藏等资源；环境保护法是指对保护环境、防治污染和其他公害方面关系调整的法律，主要是包括对大气、水、噪声等污染的防治。

2. 环境法部门主要规范性法律文件

(1)自然资源法:《土地管理法》(1986 年制定、1988 年、1998 年、2004 年修正)、《水土保持法》(1991 年)、《矿产资源法》(1986 年制定，1996 年修正)、《煤炭法》(1996 年)、《水法》(2002 年修订)、《森林法》(1979 年试行，1984 年修改、废止试行，1998 年又修正)、《草原法》(1985 年制定，2002 年修订)、《渔业法》(1986 年制定，2000 年、2004 年修正)、《畜牧法》(2005 年)、《动物防疫法》(1997 年制定，2007 年修订)、《电力法》(1995 年)、《节约能源法》(1997 年制定，2007 年修订)、《可再生资源法》(2005 年)。

(2)环境保护法:《环境保护法》(1979 试行，1989 年修改，废止试行，2007 年再次修改)、《海洋环境保护法》(1982 年制定，1999 年修订)、《水污染防治法》(1984 年制定，1996 年修正)、《大气污染防治法》(1987 年制定，1995 年、2000 年修订)、《环境噪声污染防治法》(1996 年)、《固体废物污染环境防治法》(1995 年制定，2004 年修订)、《防洪法》(1997 年)、《防沙治沙法》(2001 年)、《野生动物保护法》(1988 年制定，2004 年修正)、《环境影响评价法》(2002 年)、《防震减灾法》(1997 年)。

（八）刑法

刑法是指关于规定犯罪和刑罚的法律的总称。

刑法部门是一个最基本的法律部门，它在国家生活中起着非常重要的作用，也是人们最为关注的一个法律部门。新中国成立以来，由于各个方面的原因，我们很长时期没有制定一部统一的刑法，只有一些单行的刑事法律，直到 1979 年才颁布了我国第一部比较系统的《刑法》。此后，随着改革开放和社会主义现代化建设事业的形势发展和变化，针对社会上发生的新情况、新问题，为了更好地适应与犯罪斗争的实际需要，从而保护国家和人民的权益，到 1997 年 3 月为止，全国人大常委会陆续颁布了除《中国人民解放军违反职责罪暂行条例》这一特别刑法外，还作出了包括《关于严惩严重破坏经济的罪犯的决定》（1982 年）、《关于严惩严重危害社会治安的犯罪分子的决定》（1983 年）、《关于严惩走私罪的补充规定》（1988 年）、《关于惩治贪污贿赂罪的补充规定》（1988 年）等在内的 22 个单行的条例、补充规定和决定。

1997 年 3 月第八届全国人大第五次会议通过了修订草案，即现行的《刑法》。刑法的修订主要考虑到，要制定一部统一的、比较完备的刑法典，注意保持法律的连续性和稳定性，以及对一些原来比较笼统、原则的规定尽量作出具体规定。刑法原有 192 条，新增 257 条，增至 452 条。

1997 年现行《刑法》颁布以后，由于情势的变化，为惩治破坏社会主义市场经济秩序、毁林开垦乱占滥用林地、恐怖活动以及渎职等犯罪，先后于 1999 年 12 月、2001 年 8 月、2001 年 12 月、2002 年 12 月、2005 年 2 月和 2006 年 6 月对《刑法》经过六次补充修改，通过了六个修正案；与此同时，全国人大常委会多次对于《刑法》条文进一步完善和充实。

现行《刑法》进一步明确了刑法的三个基本原则，即罪刑法定原则、法律面前人人平等原则和罪刑相适应原则，对其他一系列有关问题作出了比较明确的规定，是目前我国最为完备的一部刑法典，是刑事法律部门最重要的规范性法律文件。

（九）程序法

程序法是保证法律公正，正确实施实体法的重要保证。程序法保证了程序公正，对原告和被告都有积极意义。程序法与实体法是相对等的概念，包括诉讼法、行政程序法、立法法、选举法等一系列法律。由于一系列条件所限，本书仅介绍诉讼法，其他程序法律有余力的读者可参阅其他资料进行了解。

诉讼法包括民事诉讼法、刑事诉讼法和行政诉讼法。民事诉讼法的立法目的是为了维护涉及民事诉讼的法律公正问题，通常包括财产所有、遗产继承、物业管理、人身伤害、老人赡养等民事纠纷案件。民事诉讼法主要解决人民法院内部的纵向分工问题，不同级别的法院审理不同问题的案件。《民事诉讼法》自 1991 年制定以来，共经历了 2007 和 2012 年两次修改。刑事诉讼法的立法目的与民事诉讼法的立法目的相似，规定了我国司法人员进行刑事司法的基本规则，其中包括立案和侦查、起诉、审判程序、执行程序等，有效地保护了刑事犯罪中的嫌疑人有效权利。现行《刑事诉讼法》在 1979 年制定，并在 1996 年做了一次重大修订。行政诉讼法对我国国家机关行政过程起到了有效的监督作用。行政相对人对于国家行政机关履行职能的过程认为自己的权益受到侵犯时，可向人民法院提起诉讼。人民法院需依据行政诉讼法进行公正判决。我国《行政诉讼法》规定行政诉讼的受案范围、管辖、诉讼参加人、证据、起诉、受理、审理、判决、执行等问题。

第四章　新时期大学生思想道德教育的原则与方法

进行大学生思想道德教育必须讲究一定原则，注重一定方法。在新时期，加强大学生思想道德教育一定要注意把握根本性原则和灵活性方法，针对新时期时代发展的特点与时俱进地开展教育活动。

第一节　大学生思想道德教育的原则

对大学生进行思想道德教育，必须讲究一定的原则。从我国当代教育的实际来看，这些原则主要有理论联系实际原则、民主性原则、教学相长原则和继承传统与改革创新相结合的原则。

一、理论联系实际原则

所谓理论联系实际，包含两层含义：第一，一定要掌握大学生思想道德教育工作的相关理论。大学生思想道德教育理论是从事大学生思想道德教育工作的重要指导，能为相关工作提供有效的方法。因此，我们必须全面地、系统地、准确地掌握大学生思想道德教育理论。第二，一定要从实际出发，实事求是。理论只有面向实践、指导实践、接受实践检验并随实践发展，才富有强大的生命力和战斗力。要做到理论和实际相结合，必须坚持实事求是。大学生思想道德教育工作一定要坚持和发扬理论和实际相结合的原则和作风，反对理论和实际相脱离的“左”的和“右”的错误倾向。

在大学生思想道德教育活动中，贯彻理论联系实际原则，要求紧密联系国内外形势发展变化的热点问题，紧密联系我国社会发展和大学生身心发展的实际，即从中国特色社会主义伟大事业和大学生身心发展的突出问题着手进行教育活动。要做到紧密联系实际，就要做到以下几点。

（一）自觉学习马克思主义理论

马克思列宁主义、毛泽东思想、中国特色社会主义理论体系是党认识世界、改造世界的强大思想武器，加强马克思主义理论的学习，有助于人们树立科学的世界观、人生观和价值观，抵制错误的思想和潮流。因此，要自觉加强马克思主义理论的学习。

（二）一切从实际出发

一切从实际出发就是要坚持主观与客观、主体与客体的统一，按照实际的真实情况，制定不同的工作目标和计划，选择恰当的方法。随着我国改革开放和市场经济的发展，大学生思想的差异性和自主性逐渐增强，要求教育者要从现实出发，根据每个大学生的自身特点和所处的社会环境，以及引发问题的各种因素去做具体分析，找出原因和内在机制，制定出符合实际的教育方案和可操作的措施，帮助和指导大学生提高认识，锻炼能力。

（三）按照正确的步骤来办事

为了在大学生思想道德教育工作中坚持求实原则，就必须按照及时发现问题、确实弄清问题、正确解决问题的三个步骤来办事。要做到及时发现问题，就要做到善于调查研究，准确观察和分析问题，正视矛盾，不回避矛盾。发现思想问题和实际问题贵在及时，这样就能掌握思想教育的主动权。要做到确实弄清问题，是指发现工作中存在的实际问题后，要善于分析、研究和核实，抓住问题的核心，不为假象所蒙蔽。要做到正确解决问题，是指在弄清实际问题后，及时联系相关人员，运用相关理论，实事求是地解决问题。要综合处理问题,大学生思想道德教育工作者要认识到思想问题往往是由实际问题产生的,而实际问题背后往往隐藏不同程度的实际问题。

二、民主性原则

在大学生思想道德教育中,教育者和受教育者之间要发扬民主,平等交流,提高思想道德教育的实效,就需要遵循民主原则。

(一)民主性原则的含义

民主性原则,是指在大学生思想道德教育工作中,尊重学生的主体性地位,尊重其人格和民主权利,创造条件让大学生充分发表自己的意见并加以正确的引导。民主的实质是平等。大学生思想道德教育工作中的民主就是教育者与受教育者双方在充分尊重对方的人格和民主权利的前提下,创造条件让双方充分表达自己的思想和意见,并在此基础正确处理相关问题,共同完成大学生思想道德教育的任务。

(二)民主性原则的贯彻实施

第一,尊重人、关心人、理解人。尊重人,就是要尊重高校大学生,尊重他们的主人翁地位,尊重他们的人格及宪法赋予的各种民主权利,从而充分调动、引导和提高大学生对社会主义物质文明建设和精神文明建设的积极性、创造性。关心人,即要求大学生思想道德教育工作者要多关注、爱护、帮助大学生,在政治上关心他们的成长,工作上关心他们的进步,生活上关心他们的困苦,使大学生感受到温暖。理解人,就是要理解大学生的具体处境和个性,承认大学生在性格、兴趣等方面的差异,以心换心教育。

第二,与严格要求相结合。一方面,坚持严格管理不能践踏大学生的人格尊严、漠视大学生的情感、无视大学生实际需要,要把严格要求同尊重人、关心人、理解人有机统一起来，使大学生思想道德教育处于升腾活跃的状态，以达到激发大学生建设中国特色社会主义的巨大热情的目的；另一方面，要把尊重人、关心人、理解人与严格管理结合起来，讲尊重人、关心人、理解人，绝不是不讲原则、放松管理、取消批评，绝不是迁就不合理的要求或容忍不守纪律的行为、奉行“好人主义”。

总之，尊重人、关心人、理解人是相互联系、相互渗透的统一体，是党的思想道德教育的优良传统，也是思想道德教育民主原则的要求。它要求大学生思想道德教育者必须以诚相待、以诚动人以理服人、以情感人，只有这样才能振奋人心、激发热情，从而使大学生思想道德教育工作更富凝聚力和吸引力。

三、教学相长原则

在大学生思想道德教育中贯彻教学相长原则，这里的“教”和“学”不是局限于学校教学和课堂教学，而是包括任意教学情境和教育过程；教和学的双方也不是特指教师和学生，而是泛指大学生思想道德教育活动中的教育者和受教育者。

（一）统一“教”与“学”，实现教育者的“教学相长”

在大学生思想道德教育中，教育者角色通常情况下是由学校教师、年长一代、为社会发展进步作出了突出贡献的先进模范人物以及各种宣传组织机构承担，对大学生进行各种形式的思想道德教育。教育者通常都具有一定的职位、职务、模范事迹或年龄方面的资格和资历。然而，在信息社会，教育者的权威受到挑战。特别是在道德领域、价值观领域，作为“教育者”本身并不能保证其道德认知和道德实践的合一性、其价值观信仰的彻底性。教育者要能够在教育活动中得到认可，树立起自己作为教育者的威信，确立并巩固自己作为教育者的主导地位，完成教育任务，实现教育目标，必须将施教于人的活动与自己的学习活动统一起来，实现教育者的“教学相长”。

贯彻“教学相长”原则，一方面，教育者要依据教育情境的要求，从受教育者角度思考有关教育实施的具体内容建构问题、具体教育方式和教育手段问题等；从受教育者反馈信息中发现自身的不足，通过学习和反思，提高自身理论素养和人格修养。另一方面，学习是无止境的，道德修养更需要穷其一生而时有所悟。追求有意义的生活，是人永恒的生命活动过程。只有坚持内在省察、反观自我之心灵、注重身体与心灵的一体，将知识的获得和生命的直接体验融合为一体，不断地把这种内化的知识运用于生活实践之中，以知行合一的态度应对社会人事，才能够获得身心境界的不断提升。

贯彻“教学相长”原则，要求教育者对自身专业充满责任感和历史使命感的反思批判，具有较强的反思批判精神和能力。教育者富有活力的反思批判精神和能力将激发受教育者积极的思考和反思，从而使整个教学充满变化和挑战、充满惊奇和快乐，使教育者和受教育者都处于向他人开放和求证的状态，都会虚心地倾听他人、与他人对话，共同探索彼此的位置和合理身份，既积极地构建他人又积极地构建自身，既助人成长又助己成长。

（二）受指导的学习——受教育者的“教学相长”

小原国芳说：“‘教育的王国在儿童之中。’如果不承认自我塑造、自我教育、自我创造这种自我发展的人格活动能力，教育则无从成立，多么有名的教师，多么好的教育方案，下多大的工夫也终归徒劳。”受教育者能否“教学相长”，首先取决于受教育者的主体地位。受教育者只有在具备一定的主体地位的情况下，受教育者才有可能实现教学相长。在平等、合作、和谐、发展的现代师生关系基础上，教育者从教与学的相互作用中深刻理解并激发受教育者进行自我教育，使受教育者在适当的教学指导条件下进行自主学习，“学”而自知不足，再主动求学，独立学习能力大大加强，成长为具有主动性、积极性、创造性的人才，实现受教育者的“教学相长”。

其次,受教育者在适当的教学指导条件下的自主学习,只有受教育者把外在的“教”变成内在的“学”,受教育者才能实现教学相长。一般意义上,自主学习的内在含义包括:具有内在的学习动机——想学;具有主体自我意识的发展,认识学习主题对自己的意义——能学;具有主动选择和运用学习资源的能力,掌握一定的学习策略——会学。

四、继承优良传统与改革创新相结合

坚持继承优良传统与改进创新相结合,是党的思想政治工作的优良传统,也大学生思想道德教育的一个重要原则。

大学生思想道德教育是一个永恒的课题,不同的时代应赋予不同的内容以适应时代发展的需要。因此,大学生思想道德教育具有鲜明的时代性。坚持继承优良传统与改进创新相结合,是大学生思想道德教育时代性的要求。只有把大学生思想道德教育放到世界的国际环境及国内改革发展和稳定的大背景中去认识、去思考,紧密结合国际形势的新变化,紧密结合社会主义初级阶段发展的新情况,特别是我国改革开放和现代化建设的新实践,紧密结合高等教育改革,发展和培养高素质创新人才的新要求,紧密结合大学生学习、生活和思想政治状况的新特点,积极探索当代大学生思想道德教育的新途径、新办法,才能使思想道德教育入耳、入脑、入心,提高思想道德教育的实效性。

在大学生思想道德教育过程中坚持继承优良传统与改进创新相结合的原则需做到以下几点。

(一)正确认识继承与创新的关系

继承是创新的前提,创新是最好的继承。继承与创新是相互联系、相互影响、相互作用的。江泽民同志曾经提出关于大学生思想道德教育必须坚持继承与创新的统一的观点,明确提出在继承以往传统经验的基础上，大学生思想道德教育观念、思路、内容、形式、方法、手段、载体以及机制等方面都要锐意创新和改进，开阔大学生思想道德教育的新视野、新思路，达到新高度。可以说，这是江泽民对毛泽东、邓小平关于大学生思想道德教育理论的重大发展和创新。加强和改进大学生思想道德教育，必须与时俱进，充分体现时代性。

（二）对原有的工作观念、思路、方法、程序、作风和内容要“扬弃”

我国大学生思想道德教育在长期的发展历程中，也累积了许多行之有效的经验和方法。这是大学生思想政治工作的宝贵财富。但是，当今的教育环境在许多方面已不同于以前，这就要求我们必须解放思想、与时俱进，积极大胆地进行创新，对原有的工作观念、思路、方法、程序、作风和内容要认真进行一番甄别和比较，进行适当的“扬弃”。在当前，关键的问题是要坚持历史与现实的统一，紧密联系新情况、新特点，在新的更高的层次上去继承、运用并发展大学生思想道德教育工作的优良传统，使大学生思想道德教育工作在继承传统的基础上，在观念、内容、机制、途径与方法等方面有新的改进和创新，使大学生思想道德教育贴近学生、贴近生活、贴近实际，不断增强思想道德教育的针对性、实效性，发挥出大学生思想道德教育的威力。

第二节　大学生思想道德教育的方法

要做好思想道德教育工作，顺利地实现思想道德教育目标，不仅要正确掌握和运用思想信息的获取方法和思想信息的分析方法，还要正确地掌握和运用思想道德教育的方法。思想道德教育方法，是思想道德教育主体为完成一定的思想道德教育任务，在对教育对象实施思想道德教育的过程中所采用的一切方式、办法或手段的总和。

一、理论教育法

(一)理论学习

理论学习主要是阅读马克思主义及其中国化理论的经典著作,弄懂弄通基本原理,并结合实际进行运用,掌握党和政府所持路线的基本立场、观点和方法。理论学习是人们通过有组织、有计划地集体学习或个人学习来掌握马克思主义理论和党的路线、方针、政策的方法,是一种自我教育的方法。

理论学习是阅读文字的一种主要方式,主要是通过读书籍、报刊、网络文本进行的。读书活动是引导人们自己学习、思考、运用的一种自我教育方式。在思想道德教育方面,读书的内容是很多的,有政治理论、历史知识、法律知识、伦理道德、人生修养等,这些内容要同思想实际、工作实际相结合。组织读书活动的具体做法是:围绕某一专题或某一任务,提示读书范围,开列读书目录;进行必要的辅导,开展评议讨论;交流读书体会,举办知识竞赛;奖励读书优胜者,将读书活动引向深入。同时,读书活动不能仅限于自己读,还要交流、讨论、竞赛,这样可以把读书活动引向深入。

开展读报刊用报刊活动,是组织群众学习党的路线、方针和政策,提高思想道德觉悟的常用方法。无产阶级革命导师,一向都把报刊视为传播真理、唤醒人民、组织队伍的重要手段,并把它作为党与人民群众联系的精神纽带。报刊同书籍相比,虽然政策性、时事性强,理论性、系统性有所不足,但它出版周期短,信息含量大,能及时反映情况,干预生活,进行导向,因此读者面广,影响力大,是进行思想道德教育的有效途径。人民群众通过报刊的学习,可以及时了解领导的意图,提高执行党的路线、方针和政策的自觉性,从而有利于明确方向,统一认识,统一行动。开展读报刊用报刊活动,要同思想道德教育的具体要求结合起来,对报刊的内容要有选择，对群众的阅读要有引导。

（二）讲授讲解

讲授也叫讲解，是教育者通过口头语言向受教育者传授理论知识，解释政治和伦理概念，论述哲学和科学社会主义原理与道德原则，阐述思想发展变化规律的教育方法，是使用最多、应用最广的一种理论教育方法。其具体方式有：其一，讲述。侧重于形象生动地描绘某些政治、道德现象，这种方法，常用于革命传统教育，爱国主义教育。其二，讲解。主要是对一些比较高深的哲学、政治、道德概念与理论，这种方法在政治理论教育、形势教育中运用较多。

讲授讲解教育法，是摆事实、讲道理、以理服人的方法。“理论只要说服人，就能掌握群众；而理论只要彻底，就能说服人。所谓彻底，就是抓住事物的根本。”说理是思想道德教育的基本方法，是打开人们心灵的钥匙，讲授讲解尤其要说理充分透彻。讲授讲解教育法是语言灌输的一种主要方式，它主要运用于系统的马克思主义理论教育、理论学习辅导和党的路线、方针与政策的解释、宣传。运用讲解法时，首先，讲解的内容要正确，理论、概念应具有科学性，讲述的事实同结论要保持一致。其次，讲解既要全面、系统，同时要抓住重点，突破难点。最后，讲解要采取启发式，循序渐进地进行引导，防止填鸭式和注入式。

（三）理论培训

大学生思想道德教育的理论培训，就是围绕某一专题，确定理论学习内容，联系实际，以自学为主，进行必要的辅导，组织讨论和交流，达到提高和统一思想认识，有效指导实践的目的。理论培训是通过办培训班、讲习班来学习理论的一种方法。这种方法适应了学科建设和实际工作科学化的需要，受到广泛重视和应用。

理论培训方法，具有学习内容、学习人员、讨论问题集中的特点，有利于相互启发，加深对政治理论的理解；有利于相互交流，探索解决实际问题的办法。在运用理论培训时，首先，要根据实际需要确定专题，明确专题培训的目的。专题既不要太宽泛而不着边际，又不要太具体而陷于就事论事，专题应当是某一方面理论与主要实际问题的结合点。其次，要围绕专题，根据培训对象的理论水平和文化水平选好学习书目和学习资料，既不能要求过高而难以掌握，又不能要求太低而学无所获。再次，要进行必要的辅导和组织适当的讨论。辅导和讨论是引导、启发、深化的一种方式。辅导和讨论要抓住重点、难点和理论与实际的结合点进行。最后，要进行培训检查。培训检查是了解培训对象学习、掌握理论的广度和深度，以及分析解决实际问题能力的必要方式。

（四）研究性学习

在现代思想道德教育过程中，教育者不再仅仅是向受教育者传授理论，而是主要教授学习、运用的方法。受教育者学习和掌握理论也不再是被动地接收和储存，而是通过自己的探讨，结合实际能动地运用理论、发展理论。芝加哥大学教授施瓦布根据现代学习的特点，提出了学习实际上是“探究的过程和探究的方法”，以此来满足受教育者创造力培养的需要。布鲁纳的发现教学法也体现了受教育者的探究性与自主性，“发现学习就是以培养探究性思维的方法为目标，以基本教材为内容，使学生通过再发现的步骤来进行的学习。”还有问题教学法、程序教学法、学导式教学法等，其过程都是让受教育者通过研究来学习、发现知识，都是为了调动受教育者的主动性和创造性，培养学习、研究能力。

随着市场竞争的加剧和人的主体性增强，随着开放的扩大和社会信息化的发展，推进学习不断突破时空界限，形成了终身学习、学习型社会、学习型组织格局，也催促人们不断通过学习获得资源与创造能力。思想道德教育过程中的教育者、受教育者、教育环境之间的关系，再不是传统单向、单一的模式，而是呈现出多边互动、转化、交流的趋向，形成会谈式、合作式、研究式学习。

二、实践教育法

(一)志愿者服务

随着2008年北京奥运会志愿者服务活动的成功展开,志愿者服务在全国范围内遍地开花。做志愿者已经成为大学生群体之中的时尚。志愿者服务同样也是一种大学生接触社会的方法,对大学生稳固自己的思想具有巨大作用。

1.“三下乡”活动

大中学生文化、科技、卫生“三下乡”活动已经坚持开展了十余年,广大青年志愿者积极参与,努力为实施科教兴国战略和国家“八七”扶贫攻坚计划作贡献。全国有名的“研究生支教团”,长期深入教育落后的偏远山区义务支教,为农村教育的脱贫贡献力量。

2. 大学生志愿服务西部计划

该计划是教育部、人力资源和社会保障部、财政部、团中央根据国务院常务会议的要求,通过引导大学生到西部去、到基层去,促进西部贫困地区教育、卫生、农技、扶贫等社会事业的发展,拓展大学生就业、创业的渠道,努力培养造就一大批既有现代科学文化知识、又有基层工作经验和强烈社会责任感的优秀青年人才。

3. 扶贫接力计划

该计划从1996年开始试点,1998年在全国范围实施,全国共有30个省(区、市)实施了这项计划。以公开招募和定期轮换的方式,组织具有大专以上学历的大中城市青年,到贫困地区从事半年至2年的教育、农业科技推广、医疗卫生等方面的志愿服务,服务期满后，由下一批志愿者接替，形成接力机制。

4. 共建和谐社区志愿服务行动

该服务行动是团中央2006年5月启动的志愿者计划，广大青年志愿者深入社区，宣扬社会公德，宣传医疗知识、安全法规，提供法律援助，开展助残行动，结成扶贫扫盲对子，配合社区开展精神文明建设，为建设和谐社会贡献着力量。

（二）社会考察

社会考察也称之为社会调查，是一种有目的地观察、认识、研究社会现象，提高受教育者思想认识和解决社会问题能力的方法。社会考察作为一种实践活动方法运用于思想道德教育，其目的是为了帮助受教育者深入社会实际，正确认识社会现象与社会问题。他的对象包括社会客观存在和主观范畴的社会事实，通过直接收集事实材料，揭示事物的实质和发展变化的规律性，寻求改造事物的途径和方法。

把社会考察方法用于思想道德教育，是我们党的优良传统，广泛开展改革开放、社会主义现代化建设成果考察等，都是富有深刻教育意义的活动。社会考察不仅使考察者的思想和能力得到提高，而且考察结论对其他人也有启发和教育作用。通过调查获得丰富的第一手材料，然后经过整理、分析和加工制作，去粗取精，去伪存真，由此及彼，由表及里，从感性认识上升到理性认识，得出既有事实根据，又有理论思考的正确结论。

进行社会考察，首先要根据思想道德教育的要求，通过社会调查的理论与方法，分解考察任务、对象和范围，提出考察计划。其次，教育者要组织受教育者一起研究和制定考察计划，充分了解考察的意图和要求。最后，指导受教育者参加实际考察活动，做好调查记录，随时整理资料，进行分析研究，写出考察报告。

（三）虚拟实践

人们运用高科技手段，构造出网络这一虚拟环境，人在这种环境中,可以模仿人的视觉、听觉、触觉等感知功能,具有使人亲身体验沉浸在这种环境中并与之相互作用的能力,扩大了人的交往与思维空间,丰富了人的情感与思想。而只有计算机网络技术才催生了独立形态的虚拟实践。虚拟实践之所以具有实践功能,是因为人们运用虚拟技术,能够在网络空间中进行有目的地、能动地改造和探索虚拟客体的客观活动,即人与客体之间通过数字化中介在虚拟空间进行双向对象化活动。因而,人在虚拟空间所进行的交流性、仿真性、设计性、探索性实践活动,同样需要正确理论指导和遵循必要规范,同样伴随着情感、道德、思想的发展变化,这正是网络思想道德教育形成与发展的原因。虚拟实践是人在现实空间实践活动的拓展与延伸,同样具有实践教育的作用。虚拟实践必须与现实空间实践相结合,网络思想道德教育必须与现实生活中的思想道德教育相衔接,不能脱离现实空间实践而陷于虚拟实践,不能忽视现实生活中的思想道德教育而陷于网络思想道德教育。

三、自我教育法

(一)自我修养

所谓自我修养,是指人们根据自我的条件,在多个方面注意提高自身的认识,注重自己的行为,从而树立的一种形象。任何人的修养水平都不是凭空得来的,只有在长期的社会实践中不断反省自我才能实现。

1. 反省

反省通常是指自我省察,是个人通过检查自己的思想和行为,进行检查对照,从而主动弥补自己缺陷,为自己的错误致歉并改正。反省是通过自我认识、自我剖析、自我评价、自我监督,对以往思想和行为的再认识,是一个人思想和道德品质修养自觉性的表现，也是一个人政治思想水平提高的重要条件。

反省也可以称之为内省或自省，中国历史上儒家曾倡导这一方法。孔子在《论语·里仁》中写道："见贤思齐焉，见不贤而内自省也。"孔子的弟子曾参提出了"吾日三省吾身"的主张。儒家后人还针对此提出了与自省、内省、反省相类似的自我修养方法。刘少奇在《论共产党员的修养》一书中，就引用了自省、反省、慎独等古代自我修养的方法，对古代自我修养的方法进行了必要的继承和改造，并在新的形势下有了新的发展。

2. 反思

在思想道德教育中，反思是指人们对以往的思想和行为进行系统的总结和深刻的理性思考。反思、反省都是主体的自我内心活动，但反思所涉及的内容不仅限于主体的主观因素，而且联系到社会、环境等客观因素；不仅分析思想和行为的现实状况，而且追溯思想和行为的来龙去脉。同时，反思对某一思想和行为的思考，不是就事论事的，不是简单地肯定或否定，而是要把它上升到理性的高度，运用一定的理论来揭示其实质。

正确进行反思，反思主体首先要加强自我认识，使自己成为自我思想和行为的观察者，并能发现自己的思想和行为同正确的方向、原则之间的差距，开展内心对话，把自我认识转化为自我教育。

只有不断提高政治理论和道德水平，摆正主观同客观的关系，依照正确的原则进行判断，才能够正确进行反思。

（二）自我管理

所谓自我管理，指的是自觉运用法纪、规章制度和道德规范约束自己，调控和控制自己的言行。人们为了不致同社会或他人发生冲突，就要用社会共同遵守的法规、制度和规范制约自己，管理自己。严格地说，每一个人一生中都离不开自我管理，因为每个人都要受自我意识的支配，指导自己的行动，协调个人同社会的关系。

自我管理可分为个体自我管理和群体自我管理。个体自我管理则是个人按照一定的规章制度调控和控制自己的言行。群体自我管理是指正式群体和非正式群体中的成员，按照一定的规章制度互相制约、互相督促、共同遵守一定的规范，抵制、批评违反规范的言行。

四、典型教育法

推进大学生思想道德教育方法的创新，首先要对什么是方法、什么是思想道德教育方法、什么是大学生思想道德教育的方法有一个明确的认识，要对大学生思想道德教育的作用也要有一个恰当的估计。

典型是多种多样的，按典型的类型来划分，有单项典型、综合典型、全面典型；按照典型的性质来划分，有正面典型、反面典型；按典型的构成来划分，有集体典型、个人典型，等等。因此，典型教育的具体形式也很多。这里，我们着重介绍正面典型教育法和反面典型教育法。

（一）正面典型教育法

正面典型通常是正面的教育形象，对普通人起着榜样的作用。正面典型教育往往有着极强的感召力和说服力，能起到激励和引导人们奋发向上的作用。一方面，正面典型的作用常常寓于其背后的具体事例之中。人们通过了解其感人事迹，往往能够对其中所蕴藏的先进思想有更深的体会，从而自觉地朝着正确的方向前进。另一方面，正面典型通常来自于最普通的人群之中，其事迹也最能够使人理解和接受。

郭明义同志就是我们说的正面典型。2010 年 8 月 1 日，胡锦涛同志对郭明义的先进事迹作出重要批示："郭明义同志是助人为乐的道德模范，是新时期学习实践雷锋精神的优秀代表。要大力宣传和弘扬郭明义同志的先进事迹和崇高品德,为构建社会主义和谐社会提供强大精神力量。"[①]郭明义同志参加工作以来,所做的好事已经无法计量。在广泛宣传以后,全国群众积极向郭明义同志学习。目前,全国各地成立的郭明义爱心团队的分队、大队、小队已达170余支,6万多人加入其中。大学生同样是积极学习郭明义的一个重要群体。一支由大连理工大学化工与环境生命学部的"90后"大学生组成的队伍拜访完郭明义以后,纷纷表示要以郭明义为榜样,在今后的工作和学习之中成为一名有责任有担当的"90后"大学生。

运用正面典型教育法时应注意以下几点:一是要善于发现和推广具有时代感和代表性的典型。先进典型常常产生于我们身边的日常工作、学习和生活之中,需要去发现和识别。典型的选择要具有广泛的群众基础:既要树立全国性的榜样,又要树立不同类型、不同层次、不同行业的榜样,更要善于发现和树立本地区、本行业、本单位的典型。二是要注意对典型事迹的宣传实事求是以及典型的真实性和局限性。所以对典型的宣传、推广要实事求是,注意分寸、留有余地,绝不能言过其实、任意拔高。三是要注意对典型的培养和教育,以关心爱护的态度对待典型。四是要教育群众尊重典型,正确对待典型。任何先进典型都来自群众,尽管他们有超出普通人的一面,但并非也不可能是"完人"。只有全社会都来扶持典型、学习典型,典型之花才能常开不败。

(二)反面典型教育法

反面典型就是落后的或反动的典型,包括反面典型人物(也叫反面教员)和反面典型事例(也叫反面教材),是在人民群众中产生消极影响和对社会产生破坏作用的典型。利用反面教员和反面教材开展思想道德教育,就是通过揭露或批评其错误或反动的观点,给人以教训,使人引以为戒,或使人认清其反动实质,与

① 国务院国有资产监督管理委员会网站:http://www.sasac.gov.cn/n1180/n14200459/n14287066/14304120.html

此同时，宣传正确和进步的观点。从我们党思想政治教育的历史来看，注意利用反面教材、反面教员是我们党开展思想道德教育的一条基本经验。今天，用社会主义核心价值观引导社会思潮，是思想政治工作的重要任务，正确地运用这一方法也一定会发挥其应有的作用。反面教育法的目的是要把一些危害社会的思想和行为放在广大大学生面前，使大学生认识到其危害性。最近，有《人民日报》一篇批驳美国人的"搭便车"论的文章《偏颇狭隘只能误人误己》，就非常典型地运用了反面教育法。文章通过正确分析美国人"搭便车"论的用心，陈述当代"搭便车"论对我国国际形象的危害，说明"搭便车"论本质上是一种无中生有的。这篇文章让人们(不仅仅包括大学生)一方面让人们认识到当前国际竞争的激烈程度；另一方面则让人们更加清醒地看待当前国际社会发展的形势，激励人们激流勇进。

因此，运用反面典型教育法时应注意以下几点：一是要勇于面对反面案例，并加以正确的判断和识别。对客观存在的反面案例，不要避而不谈，有意回避，事实上也回避不了，反面的东西总是要寻找各种机会出现在人们面前，"不要封锁起来，封锁起来反而更危险"。二是要引导人们分析反面典型产生的根源及其危害，从而帮助人们自觉抵制反面典型的消极影响，增强接受正面教育的积极主动性。三是要根据教育对象的不同思想水平，选取适当的内容，"种"上适当的"牛痘"。否则，不看对象，乱点"鸳鸯谱"，选取的"牛痘"不合适或种得过量，则会害多利少，甚至是有害无益的。

第五章　新时期大学生思想道德教育的路径拓展

大学生思想道德建设是提高我国大学生综合素质的重要组成部分，大学生教育应该将“智育”与“德育”结合起来，培养道德品质高尚、专业知识扎实的社会主义事业接班人。在教学中，高校应该掌握科学的教育路径，并根据实际教学的需求对其进行必要的拓展。

第一节　高校校园先进文化的建设

高校校园文化是大学生思想道德教育的一个重要途径。校园文化对大学生的个人品质的形成具有重要的作用，优秀的校园文化能够帮助大学生积累积极向上的能量，帮助其在今后的人生道路上克服困难，勇往直前。

一、校园文化的内涵

校园文化，实际上就是除了课堂以外的所有的与教师和学生相关的教育活动。校园文化是一个内容复杂、形式多变的综合体，思维活动、文化环境、道德关系以及人际关系都有可能成为校园文化的一部分，从而直接或间接地对教师以及学生产生影响。

校园文化是高校不可或缺的一部分，它是在长期教学与实践过程中逐渐形成的具有自身鲜明特色的标签，更是彰显该校学生思想观念区别性的重要标志，是学校最生动、最鲜明的名片。

从形态上看,高校校园文化可分为物质文化、制度文化、高校文化。

校园物质文化也被称为“实体文化”,是指学校师生员工所创造与创新的各种物质设施所构成的实体文化,包括校园的整体布局、建筑风格、师生员工工作、学习、生活、休息、娱乐的环境,以及景点标志等。

校园制度文化是校园文化形态中的标志,是一所学校为了保障整个教学及工作体系正常运转所制定的一系列管理制度和管理方法,包括管理体制、组织机构、行为规范、规章制度、传统习惯、领导风格、师生关系等。

高校文化是校园文化的核心和灵魂,它是在特定的历史背景下,学校为了达到既定的教育目标,从长期的教学和实践活动中逐渐积淀、整合并提炼出来的,它不仅是学校教育思想的集中体现,更是师生价值追求的外在反映。校园文化主要包括道德观念、价值观念、审美观念、心理情感、思维方式、学术风气、治学风格、学校传统和作风等。

二、先进性校园文化的特征

高校是文化继承与发展的重要场所,不但有继承文化的责任,而且有发展文化的责任。大学校园文化的特征具体体现在以下六个方面。

(一)民主自由、严谨务实的学术氛围

学术氛围是校园文化的重要组成部分,民主自由是高校学术氛围宽松、活跃的重要保证,如果失去了民主与自由,高校的学术氛围将会失去其原本的活力,处于压抑、死寂的氛围之中。高校是一个人才与思想汇聚碰撞的地方,民主、自由学术氛围特有的思想兼容、百家争鸣的基本特点,对师生学术素养的形成具有重

要的影响作用。此外，也只有在这种宽松自由的校园学术氛围中，大学生才能自由、全面地拓展自己的素质，实现自由、全面的发展。所以，大学校园文化应该提倡学术自由，鼓励学术争鸣，使不同的学术观点都能在追求真理的旗帜下乐享其土。

学术自由固然重要，但是严肃的态度、严谨的学风以及严密的方法，在学术研究中也是不可缺少的学术品质。高校在努力为师生创造良好的学术氛围、激发广大教师研究热情时，也不能忽略了对学术品质和学术质量的要求。广大教师学术研究中，应该坚持和弘扬实事求是、严谨缜密、刻苦攻关、勇于创新的科学精神，保证自己学术成果的科学性与坚实性。

民主自由、严谨务实的学术氛围才是先进校园文化的标准，缺少任何一方面高校的科研工作都不可能持续、连贯、平稳的运行。

（二）兼容并包、多元共存的人文胸怀

多元共存是指对立的观点在同一个文化平台或者文化领域内同是存在，如果只有一种观点、一个学派、一个权威，那么多元共存这一概念便无从说起。不同生活和学术背景构成了一个人成长的基础，也构成了一个人内在的文化基因，造就了人们对待事物千差万别的态度和方法。从人类的行为模式和思维特点来看，人们的行为取向和思维模式在某些方面存在着不可否认的共性，这些共性是人们交流的基础，在这共性的作用下人们组成了生存共同体，我们所谓的“海纳百川，有容乃大”也是这个意思。人类通过共性聚集在意一起形成某种群体，并不意味着群体成员个性的消亡，相反这种共性正是通过个体之间的差异体现出来的，二者是互融共生、密不可分的。

不管是思想、观念、行为，还是个性，只有多元思维和文化并存的校园是对人性的真正地尊重，这样的校园文化才称得上是先进的校园文化。高校是先进思想与先进文化的集散平台，建设先进校园文化必须要突出多元文化并存这个特点，否则各种不同立

场、性质各异的文化和思想难以在相互碰撞中迸发出新的活力。要做到这一点教师需要在教学活动中充分发挥自己的自主权，形成自己的学术认识，建立起独特的教学思想，并要敢于实践，积极进行教改实验，在与学生的交流和互动中逐渐形成自己的教学风格。另外，教师是大学教育活动的主要实施者，学校应让他们感受到自己的主人翁地位，促进他们工作的主动性和积极性，充分释放他们的想象力与创造力。

（三）复合多样、重叠交叉的学科架构

多学科的交汇与融合为校园文化的发展注入了新的动力，不同思想碰撞的火花为揭示复杂社会现象的本质提供了更好的切入契机，与此同时不同学科知识的重叠和交叉也繁荣了校园文化的内涵。随着现代社会分工的逐渐细化，国际性、创业型、复合式的人才受到了社会企业的追捧，在这一形势下，高校应该积极调整自己的教学方式与教学行为，积极适应社会对人才需求的新变化。合理的知识结构应是多学科的知识集成，教师知识结构的单一不利于学生综合素质的拓展，先进校园文化的建设在学科建设上应当坚持在复合多样、交叉重叠的学科架构下进行。

复合多样、重叠交叉的学科架构对提升学生水平、促进学校发展的作用主要体现在两个方面。

首先，用多学科知识所形成的网络式思维去看待、思考和解决属于同一学科的问题，这样做能够拓宽学生的思路，挖掘学生的创造潜能。

其次，多学科知识的集成，为不同学科间教师的交流提供了共同语言，便于在沟通中发生有效的思想碰撞，促成“交叉点”的诞生，从而加快学科融合的步伐。

最后，学科的融合需要一个友爱、平等、和谐的氛围和场所，让各个学科或专业的思想在此互动、碰撞与交汇，撞击出智慧的火花。

(四)民主平等、尊重人性的师生关系

在平等和谐的环境中人们的创造性才能得到最好的发展和激发。随着社会的发展,民主、平等理念已经深入人心,封建特权制度和等级制度已经成为过去,因此,在社会实践活动中,教师和学生之间的关系也应该遵循时代特点,向平等、民主的方向发展。在社会实践活动中教师和学生,在人格、信仰、尊严、爱好、追求真理、政治生活等各个方面,都应当是独立、自主、平等的。在教育中,师德是教师人格的外在体现,美好的师德源于教师高尚的道德情操与人格操守,因此历代的教育家都对教师提出了"为人师表"、"以身作则"、"循循善诱"、"诲人不倦"等基本要求。

校园精神与校园文化的塑造与所有师生的努力有直接的关系,因此高校精神的发扬,校园文化的建设离不开广大师生的共同参与、共同维护。作为校园文化建设的主要参与对象,教师和学生应当建立自由、平等、和谐、互助,充满人情味而又不违背原则的亲密关系,成为追求真理道路上的合作伙伴。在这种关系的营造中,教师应该充分发挥自己的主导作用,引导双方的关系向平等、互助的方向发展。

(五)宽容失败、注重鼓励的创新机制

创新固有的风险性使得很多人不愿意去冒险,只有给失败者留下足够的余地才能激发他们的创造性。受传统文化的影响,我们经常对成功者报以足够的景仰和称赞,而给予失败者的大多都是嘲笑与讥讽,我们缺少对失败者的安慰与鼓励,这种思想极大地影响了师生的创造热情。在大学生校园文化建设中我们应充分认识到学生的一次失误很可能意味着他们今后人生道路上的一次成功;科研的一次失败,是消除今后障碍的一次尝试,高校必须要鼓励大学生创新行为。在教学过程中要激发师生员工创业的积极性和主动性就必须在全校培育创新意识,倡

导创新精神，完善创新机制，营造敢于创新、勇于创新、宽容失败的环境，形成崇尚创新、支持创新、追求创新的校园氛围。只有这样，我们的创新道路才会越走越宽，自主创新能力才能不断提高。

（六）发展个性、鼓励冒尖的成才环境

个性是人最可贵的品质，它将每个个体与其他个体区分开来，也正是因为个性的存在才使得人类社会呈现出丰富多彩的个体内涵。美国心理学家加德纳提出的“多元智能理论”就是其中的一种。这种理论认为，人的大脑是一个复杂的有机体，有着许多不同的部位，掌管着人们的不同的智能。人的智能主要包括语言技巧智能、逻辑分析智能、艺术智能、身体运动智能、空间位置智能、人际关系智能、自我认识智能以及观察自然智能。一个发育正常的人，都具备这八种智能，但不同的人，又各有其特别发达的智能。如果我们的教育和训练，能在发展各种智能的基础上，重视发展其特别发达的智能，那么人人都能成为有所建树的优秀人才。残疾人指挥家舟舟的成功，就是由于他大脑中特别发达的艺术智能得到充分开发的结果。但是，我们国家的教育却过分重视发展共性，而忽视个性的开发，这对大学生的全面发展有一定的制约作用。

三、校园文化与大学生思想道德教育的关系

校园文化体现着一所高校的精神、气质、作风以及师生的价值追求，通过良好的育人的环境和氛围达到育人目的是高校教学追求的一个重要目标。而大学生思想道德教育宗旨在于培育学术水平扎实、人生追求远大、道德品质优秀的社会主义新青年。从这个意义上讲，校园文化与大学生思想道德教育具有共同的目的。

（一）校园文化建设是精神文明建设的重要组成部分

校园文化是社会主义文化的一部分，也是社会主义精神文明建设的重要内容。因此，在校园文化的建设过程中，要坚持党倡导的主流社会文化和道德追求，用先进的马克思主义中国化理论引导学生思想观念的转变，发挥校园文化作为思想道德教育的载体作用。

高校校园文化作为我国社会主义精神文明建设的一个重要组成部分，是同社会精神文明建设之中的其他优秀文化成分统一的，因此在高校校园文化之中积极的引入社会精神文明建设的其他优秀成果，可以使大学校园文化与其他精神文化共同作用，引导大学生思想道德观念的发展。

（二）校园文化建设是大学生思想道德教育的重要途径

1. 校园文化是大学生思想道德教育的催化剂

校园文化无论内容如何、形式怎样都必然是一种积极、向上并且充满正能量的文化形态，这使得校园文化始终可以作为社会主义先进文化的一个有机组成部分而存在。高校校园文化要充分吸纳中国传统文化中“和”的精髓，主动承担起以社会主义先进文化来促进和谐社会建设的时代责任，积极应对并解决大学生学习、生活、交往等活动出现的新情况、新问题、新变化和新动向。比如同学间竞争合作关系，自身心理压力调整，个人消费差异带来贫富现象等一系列问题等，都需要有一个精神理念来统领人们在处理这些状况时的方式、方法。只有当“和谐”文化进入学生的认知视域，才能在理想、信念、成才和素质这些理论色彩强烈的主题教育前，有一种柔性的文化精神来驱动，真正解决好、处理好大学生们的实际问题。

2. 校园文化有利于引导大学生发挥其在提高思想道德教育中的主体作用

高校是全社会重要的文化聚集与传播区，高等教育关系着我国传统文化的传承以及新兴文化的传播，所以无论从传统文化的角度还是从新兴文化的角度来看，高校教育对社会文化的传承和传播都有着重要的作用。高校的教师是高素质的文化群体对教育质量和教育效果有着直接的影响，他们学识、举止、言行以及作风对大学生有着直接的示范作用。

由于社会经历和经验的制约，大学生的思想道德观和价值观虽然已经基本形成，但是在对价值取向的判断上并没有真正成熟，容易受到朋友、环境等外部因素的干扰，导致认知和行为上的偏差甚至是错误。如果经过良好的校园文化熏陶，大学生虽然进入社会之后仍然存在社会经验不足等问题，但是他们坚定、明确的人生追求和价值取舍可以帮助他们做出正确的选择。另外，坚定的人生追求可以帮助大学生建立起强烈的自信心，并以饱满的热情和活力感染周围的同学和朋友，发挥自己在思想道德教育中的主体作用。

3. 校园文化为大学生思想道德教育增添了丰富内容

校园文化具有整合、引导、塑造的作用，对大学生思想道德教育具有效果显著的影响力，这在很大程度上丰富了思想道德教育内容。

(1)高校校园文化具有追求务实、追求崇高的凝聚力

在当代，这种崇高的精神境界就是“以人为本”的人文精神，“求真务实”的科学精神，“着眼未来”的超越精神和“自强不息”的奋斗精神。正是有这些精神因素的存在，才能聚集成建设有中国特色社会主义的共同的理想，把师生的智慧和力量团结到构建和谐校园的共同事业之下。

(2)校园文化对大学生具有重要的教育导向作用

通过校园文化丰富多彩的方式,大学生可以得到精神上的熏陶和教育,从而帮助他们形成乐观自信、勤奋敬业、严谨笃学等优秀的人格品质。校园文化对勤奋、踏实、诚实、守信、敢于创新的良好学风,以及崇尚科学、严谨求实、善于创新的良好校风具有极为有利的促进作用。在良好校园文化的帮助和促进下,大学教育才能将其最大的作用发挥出来。

(3)校园文化具有源源不断的创造力

大学作为思想最活跃、最富有创造力的地方,是新知识、新思想、新文化的策源地,其创造力主要来自担当社会责任的知识分子群体追求真理、体现公平正义的社会理想,发挥着文化对社会进步的强大影响作用。文化作为一个维系民族、社团、集体的共同价值取向,可以使更多大学生在对这一共同认知追求中,向真善美的人格聚拢。

(三)校园文化建设有利于提升大学生的素质

大学生主体的全面自由发展是高校校园文化建设实践中的价值目标。在校园文化建设之中,大学生承担着主客体合一的身份。校园文化为大学生借鉴他人经验进行自我教育提供了一个良好的场所,因此从这个意义上说,校园文化是基于大学生的自主选择性的大学生的自我教育。因此在校园文化建设的过程中,各级领导部门坚持弘扬主旋律,要对大学生进行世界观、方法论的教育,提高他们分辨是非的能力,自觉抵制不健康文化的影响,为青年大学生的全面发展提供更为广阔的空间。

四、建设先进校园文化的有效途径

在先进校园文化的建设当中我们应该以中国梦引领校园文化建设,要把中国梦融入理想信念教育中,引导广大学生把实现伟大中国梦的满腔热情转化为刻苦学习、报效祖国的实际行动;

要把中国梦融入校园生活之中，注重思想观念的引领，注重行为规范的约束，注重日常生活的养成，培育中国特色社会主义大学精神；要把中国梦融入榜样教育中，通过培育选树先进典型，感召广大师生在实现梦想的征程中成长成才、建功立业。

（一）加强校园文化建设

校园文化是高校校园的一个重要组成部分，它在整个高校校园建设中居于主导地位。良好的校园文化对整个教育领域、社会文化、学生和学校的发展都具有重大的促进作用。因为优秀的文化孕育出优秀的学校教育，所以，发展高校文化，既是社会主义精神文明和社会文化发展的需要，也是搞好高校校园文化建设的关键。

1. 要逐步开展校风、教学和学风建设

校风是一所学校的风气、思想以及治学态度的总称，它与学校风貌和全部师生的精神追求以及精神态度有紧密的联系，是一所学校所处的一种综合状态。校风建设作为校园文化建设和隐形文化制度建设的一项重大内容，虽然其措施没有强制力，但其对师生行为的影响反而更加深刻，更加广泛。在校风建设的过程中，高校应该在社会主义文化价值观的指导下，制定合理的措施和文化制度，促进良好校园风气的形成。

一般情况下，校风建设的渠道主要有教风建设和学风建设这两种。

教风建设，是引导学校校风的一个重要内容。教师的职业道德、工作态度、专业知识、教学能力以及教学方式对学生思想道德素质的建立具有重要的影响。

学风建设，是校风建设的主要组成部分，是大学生在学习上表现出来的精神风貌和行为作风。学风建设能够督促在大学生内部各个独立的群体之中形成一种积极向上的良好治学态度，激发学生参与学风建设的自主性，培养勤奋、严谨、求实、创新的优

良学风。[①]

2. 充分认识和利用广播、校刊、校园网络等宣传舆论阵地

广播、校刊、报廊、校园网等宣传舆论媒介是校园文化建设的主要阵地，在校园文化建设中具有特殊的重要位置。我们要站在时代的高度，走在信息革命的前列，以敏锐的眼光认真研究和总结，把握网络文化发展的脉络和客观规律，充分利用网络这一载体积极开展思想道德教育，宣传和繁荣校园文化。在新时期高校应该“全面加强校园网的建设，使网络成为弘扬主旋律、开展思想道德教育的重要手段。要利用校园网为大学生学习、生活提供服务，对大学生进行教育和引导，不断拓展大学生思想道德教育的渠道和空间。要建设好融思想性、知识性、趣味性、服务性于一体的主题教育网站或网页，积极开展生动活泼的网络思想道德教育活动，形成网上网下思想道德教育的合力。”并且要由专门的老师进行指导和把关，加强对网络的监督，把握正确的舆论导向，抵御不良影响，强化网上自律，占领校园网络阵地，建设健康文明的网络文化，从而提高校园文化和思想道德教育的针对性、实效性和主动性，扩大覆盖面，增强影响力，以受到广大师生的欢迎。

3. 开展各种校园文化活动，发挥学生社团的作用

学校要通过多种多样的校园文化活动，为学生创造一个自我发挥和自我锻炼的平台，帮助学生提升自己的文化修养和精神境界。开展校园文化活动是提升学校校园文化的一个重要方式，它不但可以吸引大批的学生参与到其中，而且会营造出良好的校园文化氛围。学校社团是开展文化活动的良好主体，它全部由学生自己组建而成，在文化活动的举办上更能贴近大学生的现实生活，易于他们接受。一般来说，学校或者社团开展校园文化活动，应该从以下几个方面入手。

---

① 周凌云．论新形势下高校校园文化建设．教育与职业，2009(32)

(1)开展思想道德教育类活动

思想道德教育类活动是提高学生思想道德素质的重要途径，是最能体现中国特色社会主义大学校园文化的活动形式。高校校园应该充分利用我国思想道德教育的优秀资源，让大学生在各种活动中了解、学习、传承中华民族文化传统和民族精神，比如开学典礼、表彰大会、五四青年节等。

(2)开展学术科技活动

学术科技活动是大学校园文化活动对智育和创新教育的一个有效补充。在学术科技活动，学生能够深化、扩展课堂所学知识，培养自身的创新精神和实践能力，领略新学科知识，比如学术讲座、科技创新大赛、科学文化节等。

(3)开展丰富多彩的文艺活动

文艺活动是大学生美育和体育的重要补充。在文艺活动中，大学生不仅能够锻炼自己的审美能力，获得自我实现感，还能够起到营造文化氛围、展现自我风采、陶冶自我情操、愉悦自我身心的作用。

在开展校园文化活动的过程中，学生社团甚至可以作为校园文化的主要组织机构，社团灵活的组织形式、具有活力和激情的大学生成员，能充分调动活动参与者的热情。实践证明，大学生社团及其活动不仅可以丰富学生的闲暇时间，还能陶冶思想情操、锻炼才干、提高综合素质，使校园文化得到广泛传播。

(二)完善校园物质文化

校园物质文化是学校内物质范围的文化层，“物质本身并不是文化，而这些物质的文化蕴涵在于，这些物质都是由人创造的，是人们的精神世界的对象的物化，任何人造物上都蕴含着人们的某些思想、情感等精神内容。”所以它对学校的教育工作及师生员工学习、生活都可带来不可忽视的影响作用。如何建设校园物质文化，我们应从以下两个方面着手。

1. 重视校容校貌建设

校容校貌建设包括学校的建筑风格、绿化美化的程度、自然风景特色、环境整洁水平、设备现代化层次等。校园内应有与本校相关的大家、名师的雕像，主题文化广场，校友捐赠的奇石，校园的花草树木，学校的文明标志牌等。校容校貌建设这种物质文化一方面能够通过治学前辈的名言在精神上激励大学生进一步前行；另一方面能够通过包括学校格局在内的各种“艺术精品”培养大学生的审美情趣，强化大学生分辨美的能力。

2. 注重校园人文环境建设

校园人文环境是一个大学生对自己学校最为值得自豪和骄傲的内容。“大学之大，非大楼之大，乃大师之大”。大师之大总起来说就是校园的人文环境建设，大师的精神传递要通过校史、板报、宣传窗、校训标志、电子标语等方式向学生进行传播。校园的人文环境建设能够起到对师生的人文情趣的引导作用。

（三）健全校园制度文化

校园文化是我国社会主义精神文明建设的重要组成部分，在构建过程中必须始终坚持社会主义方向，弘扬主旋律，倡导新风尚。校园制度文化是对高校师生的培养目标和发展方向提出的进一步规定和具体要求，它作为校园文化的内在机制，是维系学校正常秩序必不可少的保障机制，是校园文化建设的保障系统。高校校园文化建设特别需要进行科学的管理，最大限度地发挥校园文化活动的各种功能。

1. 加强队伍建设

队伍建设是校园文化制度建设的重要物质基础。因此，队伍建设对高校制度文化建设起着决定意义的作用。通过有效的制度文化建设，形成在学校党委的领导下，党政工团齐抓共管、分工负责的管理体制。[①]

2. 加强制度建设

制度建设是文化制度建设的一个重要载体。学校各级领导对此项工作应该高度重视起来。在校园文化建设的过程中，各级党委要建立健全校园文化管理制度，建立健全校园文化评估制度，使学校各项工作有章可循。

3. 加大经费投入

校园文化建设需要一定的经费予以支持和保证，没有必要的经费支持，再好的办法和措施也难以实现。高校要把校园文化建设经费纳入学校预算，尽可能在人力、财力、物力等方面加大投入，确保校园文化建设的各项工作能够顺利开展。要采取有效措施，及时解决校园文化建设中遇到的实际问题和困难。

第二节　社会实践实效性的提升

习近平在湖北考察时曾说，当代中国大学生有热爱党、热爱祖国、热爱人民的真挚感情，有为中华民族伟大复兴而奋斗的理想信念，是大有希望的一代，当代大学生应当志存高远、脚踏实地，勤于学习、增强本领，在服务人民、服务社会的实践中砥砺品质、陶冶情操，努力把自己锻炼成为德智体美劳全面发展的合格人才。可见，社会实践是大学生成长、成才的重要依仗，提升大学生社会实践的实效性，对促进大学生的全面成长具有重要的意义。

① 徐洁，周全，伍晓雄．关于加强高校校园文化建设与管理的思考．黑龙江教育学院学报，2010(4)

一、大学生社会实践的含义与分类

（一）大学生社会实践的含义

实践是认识与检验真理的唯一途径，组织高校大学生参加社会实践是高等教育的重要组成部分，也是全面贯彻党的教育方针，推进大学生素质教育的重大措施和不可缺少的环节，同时也是高校应该培养或继承的优良传统。以清华大学为例，学生在几年的本科学习过程当中，不仅要参加入学的军训，还要参加社会公益劳动、生产实习，在暑假的第三学期，学生还要走上社会，走向工厂、农村，进行科技服务、科技咨询、社会调查、生产劳动，形式多样、内容丰富的社会实践活动极大地提高了清华毕业生的实际工作能力，为他们未来的发展奠定良好的基础。改革开放以后，我国逐步确立了社会主义市场经济体制，并且对高等教育制度进行了深刻而有效的改革，目的就是全面提高大学生的个人素质，培养大学生的社会实践能力。

大学生社会实践是人类实践活动的一部分，是大学生在学习过程中学习知识、理论联系实际的应用与创新的活动；是在成长成才过程中改造主观世界、促进自身全面发展的活动；是在走向社会过程中与生产劳动和人民群众相结合的，适应社会、承担社会责任的活动；是高校思想道德教育的重要途径。

（二）大学生社会实践的类型

大学生社会实践，包括教学计划内的实践环节和教学计划外的实践活动。“教学计划内的实践环节主要有教学实践、专业实习、军政训练等；教学计划外的实践活动主要有社会调查、生产劳动、公益活动、志愿服务等。”①

---

① 龚贻州．大学生社会实践指南．武汉：武汉工业大学出版社，1988，第14页

近年来，各个高校越来越重视计划教学之外的大学生综合组织培养与拓展类的社会实践活动，目的是帮助学生了解社会、接近人民、培养能力、增长才干。就我国当前的大学生实践状况，我们可以将其分为勤工俭学与志愿服务两种。

1. 大学生勤工助学

勤工助学指“学生个人或者团体，以获得或改善学习条件为基本目的，将教育与学生社会实践紧密结合，全面培养学生素质和能力而进行的一种教育经济活动。”①

从工作的地点来看，勤工助学主要有校内与校外两种，在具体的实施过程中二者的不同主要体现在两个方面：一是安全问题，校内的勤工助学工作岗位安全可靠，校外的勤工助学活动环境比较复杂，各种意外因素的广泛存在使其安全性难以得到保证；第二是时间、精力问题，校外勤工助学花费的时间和精力较多，校内勤工助学，无论是在工作难度上还是在工作内容上都比较节省时间和精力；第三是报酬问题，校外兼职的报酬要高于校内勤工助学。

(1)学校勤工助学部门

为了帮助学生提高学生的综合素质，帮助家庭条件困难的贫困学生，大部分的高校特意设置了勤工助学部门。通常来说，由于学校性质、所处环境等因素的不同，其勤工俭学部门的结构设置和运作模式会有比较大的差异，但是其为大学生提供的职位一般来说都相同，主要有以下几种。

第一，家教。家教是大学生勤工助学中最常见、最传统的一种勤工俭学方式。学校之所以热衷于为学生提供家教职位，主要是看中三个方面的因素：即大学生的能力足以胜任家教工作，以及市场认可大学生作为家教的工作能力，充分发挥大学生所学知识的作用。

---

① 龚贻州．大学生社会实践指南．武汉：武汉工业大学出版社，1988，第16页

第二,校内商业实体。每个高校校园内部基本上都有超市、书报亭、文印店等实体商业组织。就目前来看,除了一部分引入市场运作的高校,大部分高校都是将这些工作机会留给了学生,这些岗位包括售货员、服务员、打字员,甚至是实体经理。通过这些岗位的实践,在工作岗位上工作过的学生会得到明显的锻炼,提高自己的实际工作能力。华中科技大学 EDP 中心(武汉梧桐雨文化发展有限公司)成立于 2004 年 5 月,是由一批管理和经济专业的博士、硕士和 MBA 领衔,依托华中科技大学进行企业中高层管理人员培训、管理咨询和企业内训的教育投资集团公司。该中心成立后在华中科技大学招募了很多兼职的在校大学生,为华中科技大学提供了一个优秀的大学生实践平台。

(2)校外兼职

通过校外兼职,大学生们可以更直接、更广泛的接触到社会,在社会中锻炼自己的才干,实现自我的价值。校外兼职的一般以在企业和媒体为主,也往往跟所学专业有关。在校外兼职过程中除了需要注意安全问题之外,还应该懂得如何维护自己的权益。

2. 大学生志愿服务活动

同大学生社会实践类似,大学生志愿服务活动也主要分为校内志愿服务活动和校外志愿服务活动。

(1)校内志愿服务活动

第一,大学生的意志品质培养。大学生意志品质在大学时期正处于形成和强化的重要的阶段,是高校教育“育人”要求的重要体现。一般来说,大学生意志品质的培养的实践活动都是以班级为基本单位,由团委或支部组织开展的。常见的活动有形有义务清洁活动、公益知识宣传活动等。

第二,公益服务活动。公益服务活动是大学生校内志愿服务的一种基本活动,它不仅可以锻炼大学生的社会实践能力,还能够培养大学公众意识、社会服务意识,对提高学生的综合素质具有重要的作用。常见的社会公益性服务活动有环境保护宣传等活动、献血服务宣传、艾滋病预防宣传等。

第三，专项大型志愿服务活动。专项大型志愿者服务活动是一种综合性很强的社会实践活动，对锻炼大学生的社会实践能力，提高大学生的综合素质具有极为有效的作用。常见的大型志愿服务活动有为大型会议提供翻译、接待、会务组织等服务，在迎新、毕业、校庆、院庆等活动中为组织方提供志愿服务等。2013 年，习近平总书记在给“本禹志愿服务队”的回信中说：“历史和现实都告诉我们，青年一代有理想、有担当，国家就有前途，民族就有希望，实现中华民族伟大复兴就有源源不断的强大力量。希望你们弘扬奉献、友爱、互助、进步的志愿精神，坚持与祖国同行、为人民奉献，以青春梦想、用实际行动为实现中国梦作出新的更大贡献。”

(2)校外志愿服务活动

第一，大学生志愿服务西部计划。这项计划通过引导大学生到西部去、到基层去、到祖国和人民最需要的地方去建功立业，促进西部贫困地区教育、卫生、农技、扶贫等社会事业的发展，拓展大学生就业、创业的渠道，努力培养造就一大批既有现代科学文化知识、又有基层工作经验和强烈社会责任感的优秀青年人才。这项计划从 2003 年开始，按照公开招募、自愿报名、组织选拔、集中派遣的方式，每年招募一定数量的普通高等学校应届毕业生，到西部贫困县的乡镇从事为期 1～2 年的教育、卫生、农技、扶贫以及青年中心建设和管理等方面的志愿服务工作。

第二，扶贫接力计划。“青年志愿者扶贫接力计划”是中国青年志愿者行动的重点项目，该计划以公开招募和定期轮志愿者的方式组织开展，有计划地将具有大专以上学历的大中城市青年，输送到贫困地区从事半年至两年的教育、农业科技推广、医疗卫生等方面的志愿服务，服务期满后，由下一批志愿者接替，形成接力机制。扶贫接力可以帮助大学生塑造自己艰苦朴素、联系群众的思想品质，并且锻炼他们的吃苦耐劳能力。

第三，大型经济、体育、文化活动及社会公共活动场所志愿者服务。大型活动是指我国政府或者企事业单位举办的大型、综合性的社会活动，如奥运会、亚运会等重量级体育赛事，此外申报世界级文化遗产，创建全国优秀旅游城市等大型社会活动需要大量的人力资源，这些工作往往都是志愿者们完成的。在活动举办的过程中，很多大学生志愿者担任讲解服务员，这既可以服务群众，又有利于学生们自身增长知识，提高综合素质。

面对新形势、新任务，高校必须采取有力措施，推动社会实践的创新发展，使之在促进大学生全面发展成才的过程中发挥更加积极的作用。

二、大学生社会实践的特点

（一）目标性

思想道德教育社会实践的基本目的是通过社会活动检测思想道德教育的教学的成果，帮助大学生将课本知识运用到实践当中去，实现知识的转化。高校开展实践教学的目标应该要与思想道德教育的总目标相呼应，在实践中检验理论教育的成果，利用理论知识来指导实践活动。

一般来说，思想道德教育的目标主要分为以下几种。

1. 知识目标

马克思主义世界观和方法论是科学认识世界和改造世界的有力工具，也是人生观理论教育的必备内容。此外，在人生观教学过程当中，还要使通过理论与实际的结合教学，让学生意识到哪些实践经验和感性的知识是必须从实践中获得的，从而帮助他们加深对思想道德教育的领悟和理解。

2. 能力目标

能力目标也是思想道德教育的一个重要目标，对大学生的思想道德品质塑造具有积极的作用。能力目标是指高校通过组织实践活动或在帮助大学生参与校外实践活动完成将学生所学的知识完成从理论到实践的飞跃，实现大学生综合素质的提升。

3. 教育目标

教育目标特指大学生思想道德教育的“育人”功能，我们经常说教育要“寓教于行，以行育人”，所谓“寓教于行”就是指参加社会实践，通过实践的考验和磨炼让学生在实践中认识社会、了解社会、认识人生、接受教育、学会做人，从而实现提高大学生个人思想道德素质的目的。

4. 政治素质目标

政治素质目标是指通过实践教学把大学生培养成为中国特色社会主义事业的建设者和接班人。政治素质目标也是大学生思想道德教育不可忽略的一个内容，合格的思想政治素质是促进我国大学生为我国社会主义建设事业不断奋斗的基本推动力。

（二）主体性

大学生社会实践最基本最主要的特征是其实践性，从某种意义上来说实践主体本身的积极性、主动性和创造性决定了实践活动的具体走向和最终结果，因此我们说社会实践效果的强弱与好坏与实践主体有着密切的关系。传统思想道德教育体系的中心是理论知识和教师，而现代思想道德教育更注重对主体潜能的开发和利用，将社会实践作为人生观教学的核心。

（1）实践教学以培养、提升学生的主体性作为目的，而不是单纯地灌输政治观念和理论知识。

（2）现代思想道德教育实践教学在整个过程中都注重学生的主动参与和亲身体验，学生在活动中处于主体地位。

无论是实践课题的选定、材料的搜集或者具体实践活动的选择和开展，都需要学生主体的参与，离开他们无论是人生观的理论教学还是实践活动都难以完整的实施和完成，更谈不上最终效果，因此学生的主体性是实践教学的本质特征之一，在人生观教学过程当中要对其给予足够的重视。

（三）多样性

大学生社会实践并没有固定的形式和内容，在开展实践活动时，组织者应该根据教学对象的特点及其所处的校园环境以及社会条件进行灵活的规划与操作。通过上面的介绍我们知道，大学生社会实践的类型并不是只有一种，并且统一类型的社会实践也有很多不同的组织形式。比如，大学生社会服务型社会实践可以采用志愿服务、暑期三下乡、智力扶贫、政策宣讲、支教、支农等形式。

（四）经验性

辩证唯物主义认识论强调实践是认识的基础，要获得知识，既要重视直接经验，即通过亲身实践得到的经验，又要学习间接经验；而要把握课堂传授的间接经验，丰富和发展间接经验，还必须通过实践活动。思想道德教育实践性教学引导学生动手动脑，实现对事物的亲身体验，获得理解问题的直接经验，掌握发现问题和解决问题的方法，并且在亲身体验和获取直接经验的过程中逐步形成正确的世界观、人生观。

三、提升大学生社会实践实效性的主要途径

习近平总书记在南昌大学学生创业实践基地考察时说："你们要学好书本上的知识，同时也要多实践，这样实践的机会很好，可以让你们学到书本上学不到的东西，也培养了你们的动手能力，现在的工作不像以前那么好找，掌握好这些技能对将来都有帮助。"可见，大学生社会实践性的提升必须与具体的社会实践方式相结合，建立并稳固大学生社会实践的有效载体，才能从根本

上提高大学生社会实践的实效性。

（一）大力推进社团型社会实践

社团是大学常见的一种学生组织，它并不是由学校组织成立的正式校方组织，大多数是由兴趣和爱好相同的学生聚集在一起自发成立的，社团都有自己的目标、组织章程以及活动方式的学生群体组织。社团在社会实践上具有惊人的号召力，高校应加强学生社团的管理，引导大学生参加积极向上、健康有益的实践活动。

1. 切实树立以学生为本的服务理念

进入新时期以来，党在新世纪新阶段对包括青年工作在内的各项工作和事业提出了新的要求，以邓小平理论和“三个代表”重要思想为指导，坚持科学发展观，以人为本，把青年学生的利益作为一切工作的出发点和落脚点，为党和国家培养输送具有崇高政治理想和人生信念、拥有创新精神和实践能力的青年人才，这是高校社团组织的历史使命和神圣职责，也是开展服务育人工作的重要目标。要牢固树立学生思想道德教育以学生为本的观念，尊重学生的主体地位，尊重青年的身心性格特点，遵循大学生的成长规律，这是社团做好大学生思想道德教育工作的基础。

2. 建立大学生社团型社会实践的长效机制

社团虽然是自发形成的，也有自己的规则和章程，但是无论从组织形式还是人员框架来看社团都算不上一个严密的、稳定的组织，因此高校相关部门应担负起主要的管理和引导方面的职责，保证社团的稳定健康发展。高校在对社团活动进行引导的过程中，应该坚持“宏观控制，微观搞活”的基本原则，充分发挥出社团对大学生实施自我教育、自我管理、自我服务的作用，让各类学生社团的活动各具特色，形成勇于创新的社团实践活动新局面。

（二）加强组织管理，建立健全社会实践的运行机制

目前，我国的大学生实践活动呈现出越来越社会化的趋势。这里所讲的社会化包含两个方面的意思。

（1）大学生实践活动已逐渐发展成为全社会、学校、学生共同参与的一项社会系统工程，在这个系统工程中，大学生社会实践活动不再是教育部门或者学校的事情，而成为能够充分调动一切社会力量的社会性工作。大学生活动越来越从学校、学生的单向行为转变为社会多角多边的互动行为。

（2）大学生社会实践活动越来越成为学生个人社会化发展的重要因素，它拓展了大学生的生活空间，丰富了大学生社会化的内容与途径，符合大学生成长与发展的需要。另外，由于社会对大学生素质要求越来越高，大学生就业压力增加，使得大学生参加社会实践活动的主动性和自觉性增强。作为学校要把社会实践落实到位，高度重视。

1. 从思想上高校领导和实践组织部门要高度重视

事实表明，只有上下结合形成合力才能最大限度保障大学生社会实践的顺利实施，这也就是说除了社会实践活动的组织部门和大学生自身之外，高校领导也要对社会实践高度重视，加强对社会实践活动的支持和指导，调动各组织部门进行科学合理的统筹安排。

2. 加强组织管理机制的规范化建设

社会实践的各项措施如果想要顺利地实施并完成，需要规范的组织管理机制来保证其落实以及应对实施过程当中的各种突发状况。建立组织管理机制首先要确定社会实践的目标，然后根据这一目标明确学校组织系统中需要参与到实践活动中的各个部门（如团委、宣传部、教务处等）在大学生社会实践中的职责。

3. 丰富实践形式和内容

社会实践是一种灵活多变的思想道德教育方式,在组织实施的过程中不要拘泥于传统的实践方式和实践项目,要充分结合时代背景和大学生的身心特点组织实施具有时代特征的社会实践。另外,社会实践还要充分与社会的发展结合起来,比如支教、医疗下乡、科技下乡、文艺下乡以及法律援助活动等,这些活动不仅可以锻炼大学生的社会实践能力,提高自己的综合能力和自身素质,还可以为这些地区提供一定的帮助,为地区发展做出贡献。

4. 完善监督、考核评价机制

高校社会实践的对象是全体学生。因此,要建立真正对广大学生起激励作用的实践考核评价机制,把社会实践成绩记入学分。另外,可考虑建立社会实践资信证书制度,把参与社会实践的质量与学生将来的就业挂钩,以此来增强学生参加社会实践的积极性。

(三)加强大学生社会实践的策划与指导

1. 加强实践活动主题策划

在大学生社会实践活动中,提出一个选题或主题是最困难的一个步骤,但同时良好的主题对活动的吸引力与实施效果又有着紧密的联系。选定主题意味着指出了实践活动的方向和内容。许多高校的经验表明,给大学生活动确定鲜明的主题,使学生围绕教育主题开展丰富多彩的自我教育,是明确引导、把握方向的成功之处。教育主题的选取,应注意既有深刻的含义又具有鲜明的时代特色,贴近学生的思想实际,简明便于记忆。

2. 安排合适的指导教师

指导教师的选择面比较灵活,可以是专业教师也可以是辅导员,还可以是社团辅导老师,只要具有参与的热情和积极性都可以成为指导教师。

在指导教师中,领队老师的作用特别重要,因为领队老师是社会实践活动的"最高领导人",社会实践的实施过程中的各种突发事件都是由领队教师负责处理,如果领队教师不能及时、妥善地处理团队内突发事件,协调好各方关系,无论是社会实践活动的乐趣度还是最终的实施效果都会受到很大的影响。

要改变指导教师指导不力的现状,需要从以下方面改进:

(1)把教师指导纳入社会实践计划体系之中后,高校领导既要鼓励教师自觉地指导学生社会实践,又要提供充足的制度支持与保障。

(2)对指导教师进行培训,除对其带领团队的能力进行培训外,还要对社会实践对培养人才的重要作用的进行深入的说明,以提高指导教师参加大学生活动的积极性。

(3)充分发挥教师的专业特长,把大学生活动和教师的教学科研内容结合起来,提高其参与社会实践的兴趣。

(4)把教师指导和参加大学生活动计入工作量,采取倾斜政策。

(5)把学生活动成果的取得和指导教师的考核挂钩。

(四)以"三维"为核心,推进大学生实践基地建设

实践基地是专门为学生社会实践而成立的一个基地或者机构。"三维实践基地"则着力从社会实践、科技实践、创业实践三个方面大力推进大学生社会实践基地建设。若将"社会实践基地"和"科技实践基地"比作培养学生基本实践能力的X轴和Y轴的话,那么"创业实践基地"就是培养学生整体综合实践能力的Z坐标轴,故将此称为培养学生综合素质的"三维实践基地"。

1. 社会实践基地

在社会实践中,大学生可以充分结合区校、村校、校企共建

服务活动，在区县、农村企业建设基地。另一方面，大学生还可以以班级、院系、社团等组织为单位，就近建立实践基地，各实践队伍与各实践对象可以建立长期的合作关系。同时，不同年级的学生还可以采取以老带新的方式组团开展活动，增强实践基地的传承性，为更多大学生经常性地参与社会实践活动提供机会和渠道。

2. 科技实践基地

高校通过开展诸如全国“挑战杯”科技竞赛、国家大学生创新性实验计划等活动，并结合科学商店项目（大学生科普志愿者进社区）在校内建立大学生科技创业中心，作为科技实践基地。同时，高校可以开展各项科技文化活动为巩固科技实践基地奠定基础，提高学生参与科技实践基地的积极性。

3. 创业实践基地

学校不仅要满足学生创业实践的基本要求，还要通过开展系统的创业教育，选修课程和个别指导对学生进行创业知识培训，鼓励学生把自己的所学所思运用到创业活动中去。不仅如此，在学校统一指导下，学校相关部门与社会相关企业建立创业实践基地，学生就可以将在创业计划竞赛、大学生课外科技作品竞赛等各种竞赛中的作品和创意应用到创业实践中去，从而提高理论与实践结合的主动意识，增强学生创业的积极性。

第三节　道德教育社会环境的优化

大学生思想道德教育社会环境优化是思想道德教育研究的一个重要目标，同时也是提高大学生思想道德教育的重要途径。思想道德教育环境优化必须有正确的途径和方法，否则可能会事倍功半，浪费大量的时间、精力以及社会资源。

一、经济环境优化

经济环境代表着社会生产力发展的基本状况，是思想道德教育的物质基础，其原因主要有两个。

首先，人们的思想意识由社会实践产生，而社会实践的发展状况实际上就是生产力的发展状况，生产力的发展必然带来人们思想观念以及社会认知的提高。

其次，思想道德教育环境的塑造不是一句空话，它需要实实在在的资金来辅助其实施，如果社会生产力的发展没有达到其基本要求，那么思想道德教育必然会失去经济基础支持的思想道德教育就无疑只是“镜中花，水中月”。

优化思想道德教育的经济环境需要做到以下两点。

第一，加快经济体制改革，大力发展社会生产力。生产力是社会发展与进步的基础，大学生思想道德建设也离不开其支持。因此，我们要始终坚持以经济建设为中心，不断加快我国经济建设的步伐，为我国的思想道德教育教学以及各项社会主义事业的发展提供坚实可靠的保障。

第二，建立健全社会主义市场经济新秩序，实行效率优先、兼顾公平的分配原则。我国社会主义市场经济成果煊赫，鉴于市场经济的消极影响，我国政府应该效率优先兼顾公平的原则建立规范、全面的社会主义市场经济秩序。

二、政治环境优化

政治环境是一个社会的基础环境因素，大学生思想道德建设也深受其影响。安定团结的社会政治环境不仅是社会经济发展的基本保证，对教育环境的优化也具有重要的作用。一般来说，优化社会政治环境，需要做到以下几个方面。

第一，坚持和完善社会主义民主制度，保证人民群众的主人翁地位，为思想道德教育教学创造根本的政治条件。

第二，加强社会主义法制建设，实行依法治国的基本国策，实现有法可依、有法必依、执法必严、违法必究的法制局面。

第三，转变政府职能，推进机构改革，从而规范政府行为，提高政府的执法效率，促进政府官员的廉政建设，形成良好的社会带动与协同效应，为大学生思想道德教育提供良好的环境。

从根本上说，优化思想道德教育教学环境就是要继续推进政治体制改革，建立健全社会主义民主法制体系。

三、文化环境优化

大学生思想道德教育是我国精神文明建设的重要组成部分，因此，净化文化环境必然会成为促进大学生思想道德教育水平提高的重要手段。如果大学周围的文化环境比较差，那么大学生往往在不知不觉中受到其影响，这也要求我们要加强文化环境的优化和建设，以使其对大学生产生更积极的影响。

第一，要坚持社会主义文化方向，积极创造“百花齐放，百家争鸣”的文化氛围，抵制粗俗文化的泛滥，消除低俗文化对大学生精神世界的污染，尤其要批判历史虚无主义，抵制西方不良文化的侵蚀。

第二，加强立法，完善我国的文化管理法律制度，以法制形式对商业性文化包装、文化商品和文化消费行为进行规范，消除各种不良文化思想。

第三，端正社会风气，消除领导干部、行政行为、团体行为的示范反差，建立符合社会主义原则和道德标准行为规范，形成积极向上的社会风气。

总的来说，社会文化氛围的好坏对大学生思想道德教育具有重要影响，因此社会各界可以共同构筑积极向上的文化氛围，帮助大学生激发其追求卓越的自信心。另外，我们还应该弘扬社会主义精神文明的时代主旋律，大力提倡高雅文化艺术，提高审美情趣和审美能力，自觉抵制某些低级庸俗思想的消极影响，净化精神环境，增强育人效应。

四、校园环境优化

校园环境也属于社会环境的一部分，而且与大学生的日常生活和学习息息相关，从某种意义上来说是对大学生影响最大的环境因素之一。校园环境我们可以概括为物质环境要素以及精神环境要素两种。物质环境是学校在长期的发展过程中逐渐形成的外在物化形式的统称，主要包括基础设施、环境布局和文化设施硬件条件；精神环境是学校长期的教学过程中由师生共同创造并得到传承的一种特定精神环境与文化氛围，主要包括制度文化和观念文化以及学术文化等要素，是学校构成要素中的深层要素。加强校园环境建设，正确引导校园文化的发展，主要应从以下几个方面入手。

第一，重视校园环境的优化和建设。这种优化不仅包括硬件条件的改善更包括学校软实力的提升，即精神环境的改善。资金投入和硬件建设是学校环境提升的基本保障，硬件设施的改善是最直观、最显而易见的，良好的硬件设施为学校精神环境的建设提供了良好的基础，为教育教学工作的实效性提供了重要保障；教育者对教育环境改善的不断深入、改革和优化，为我国大学生思想道德教育在新形势下的发展提供了有利的前提条件。

第二，要坚持正确的舆论导向，加强校风建设。完成这一要求，要强化学生的基础文明观念，增强道德约束力对其行为的规范作用。此外，高校还要加强对学生的人生观、道德观以及法制观进行科学的教育与引导，帮助学生正确认识社会非主导文化的粗俗成分。

第三，规范学生社团的管理，提高校园文化的活动层次。社团是大学生进行社会实践的一个重要平台，学校应该充分认识到这一点。社团组织大学生进行社会实践活动，不应仅仅以娱乐为活动组织的主要目的，集知识性、娱乐性、趣味性为一体的社会实践才是社团活动组织者应该追求的终极目标。

除此之外，还要提高教职员工的素质，把“教书育人、管理育人、服务育人”的工作落到实处。

五、社区环境优化

社区环境纷繁复杂，并无时无刻地影响着青少年学生的成长。因此，优化社区环境对大学生思想道德教育教学工作的开展也是至关重要的。

第一，树立正确的舆论导向，创建优秀的社区文化。社会文化对大学生思想道德建设也具有重要的影响，社会文化可以通过大众媒体、社区宣传栏等途径进行有效的宣传与提升。在社区环境的优化中，树立正面典型，宣传先进人物、先进事迹是主要的方式与途径。

第二，以优化社区的文化环境为中心。社区环境中对大学生影响最大的是社区的文化环境，因此对社区环境的优化汇总，应当把社区文化环境的优化与提升作为整个工作的中心。要加强社区文化建设首先应该加强各种文化设施的建设，从而丰富学生的文化娱乐生活，从而起到调节当代大学生身心健康的作用。其次还要加强社区文化设施的管理，保证社区文化活动稳定、持久地开展，更好地发挥社会文化措施的作用。

第三，动员社区各方力量，加强综合治理。大学生思想道德教育是一项社会任务，任何一方都难以单独完成思想道德教育的社区环境建设。在社区环境的建设中各级领导、社会各方，都要把大学生思想道德教育作为自己责无旁贷的责任，因为社区环境的优化不仅对大学生思想道德建设具有重要的作用，同时对提高社区成员的思想道德水平、丰富社区成员的精神文化生活具有重要的作用。

社区是大学生从家庭、学校走向社会的一个过渡舞台。他们良好思想道德品行的养成需要良好的社会环境和文化氛围来支撑，因此，优化和建设社区教育环境是加强思想道德教育的重要依托。

六、家庭环境优化

家庭成员之间具有血缘关系，并且相互信任、相互依赖，家庭成员彼此之间的影响力和感染力很大。从思想道德教育的起点来看，家庭教育是每个人接触道德的开始，家庭的每个人思想品质以及道德操守的影响是一生的。优化思想道德教育的家庭环境应该从以下几个方面入手。

（一）营造和睦的家庭环境

和睦是优质家庭教育的基础，也是孩子健康成长所必须具备的环境。要想家庭幸福和睦，应该妥善处理家庭内部的人际关系，并且彼此要相互信任、相互尊重、互相学习、互相帮助、互相鼓励、互相理解。

（二）父母要注意自己表率作用

父母是孩子最初的老师，他们不仅承担着子女身体的健康、安全和正常发育的重任，还承担着向子女传授科学知识、生活知识、塑造孩子性格品行的重要责任。在子女教育过程中，父母应该为孩子树立起良好的道德品行榜样，要严于律己、以身作则，激发孩子强大的道德力量，这有助于孩子良好思想品德和行为习惯的形成。[①]

① 毛英．思想政治教育环境学．成都：西南交通大学出版社，2010，第168页

（三）合理安排家庭经济

随着经济的快速发展，我国居民生活水平越来越高，家庭收入也得到了极大的改善，父母也应该相应的提高对子女教育费用的支出。家庭教育投入并没有硬标准，每个家庭应该根据自身的经济状况量力而行，超出自己经济实力的花费未必一定是必要的。家长管理家庭经济生活要有计划性，不能溺爱孩子，给予他们过多的钱财，这对于他们的成长并没有好处。

家庭教育不仅是一种启蒙教育，而且是一种终身教育。因此，大学生思想道德教育工作的展开必须注重家庭环境的优化。

七、社会舆论环境优化

大学生思想道德教育发挥作用，离不开社会舆论。没有这种客观的“势”和风气，思想道德教育的作用就难以发挥。随着社会现代化和大众传媒的迅猛发展，社会舆论在思想道德教育的作用越来越重要。

（一）充分发挥大众媒体的价值导向作用

党和政府要有效地控制电视、广播、电影、报刊等大众传播媒体，弘扬主旋律，加强正面宣传、正面报道、正面教育。加强对大众传媒的调控，着力提高大众传媒的操作者、制作者、经营者的社会责任感，把追求社会效益作为媒体的第一责任，充分发挥大众传媒对主观环境建设的积极作用，为思想道德教育提供良好的舆论环境。

（二）提高大众媒介的传播效果

依靠大众传媒，要积极利用主流媒体的影响与优势，丰富栏目形式，提高信息质量，使之更加贴近人民的生活、贴近现实、贴近大众，增强吸引力，形成舆论强势，增加思想道德教育信息与受众的接触率，让受众获得准确的社会主流信息。

（三）加强舆论监督

要敢于通过媒体剖析现实，澄清是非，开展道德评价，实行舆论监督。学校要有目的、有重点地组织收看重要时事、社会新闻，组织参加有益的读书、征文、演讲、访谈、新闻调查等活动，从而使大学生在大量的信息中做出正确的理解、判断和筛选。当前，尤其不能忽视网络环境所折射出来的信息，应以积极的姿态加强管理和运用，以主动的姿态抢占网上阵地，用积极的内容占领网上阵地，营造一个健康和谐的网络环境。

近年来，我国的舆论宣传在思想道德教育方面发挥了积极作用，但是也存在一些不容忽视的问题。

八、社交环境优化

社会交往是指人在社会生活中交流信息、沟通感情、相互知觉和相互作用的过程。社会交往是人的强烈心理需求，以此加强人与人之间的联系，沟通信息。人生活在社会中，无时无刻不与他人发生联系，由此形成各个成员之间关系复杂的社会交往环境。在大学生社交环境的优化过程中，建设健康向上的社交环境，需要教育者和受教育者的共同的参与和努力，但更为关键的还是受教育者本人交际群体的素质。

第一，提高受教育者的社交能力。一个人的人际交往欲望强烈还是淡漠，选择什么人交往，怎样交往，固然有客观原因，但是，主要是由本人的人际交往能力和交往倾向决定的，因此，必须努力提高受教育者本人的人际交往素质，包括其人际交往感受力、人际交往适应力和人际交往处理能力，学会掌握社交圈交友的原则和方法。

第二，以正确的价值观引导社会交往中小群体的价值观，通过建立社会认可的价值规范去影响社会交往成员行为。

第三,努力提高教育者自身的素质。社交圈是以其成员彼此认同和好印象为基础建立起来的,因此,它往往对教育者素质的要求也特别高。教育者的素质能力往往是社交礼仪指导的关键因素,因此,要做好社交圈的工作,教育者必须有较高的素质能力,成为有较高威望的人。

第四,培育良好的社会交往心理环境。社会心理是在一定社会生活条件下,人们的思想认识、动机、情感、个体特征、风俗习惯等个体的种种心理和人与人相作用形成的心理。社会心理分为个人心理和群体心理,对思想道德教育教学影响最大的是群体心理,由此形成的社会风气往往潜移默化地影响支配个体行为,影响社会交往。良好社会心理的形成是社会经济、政治、文化环境综合作用的结果。

除了上述的几个方面,在优化大学生思想道德教育环境时,还应加强职业道德教育,创建守德敬业的职业环境;加强网络环境的优化和建设,建设健康文明的网络环境;加强信息环境建设,建设文明和谐的信息环境,等等。只有齐抓共管,使各种环境协调一致,形成推动大学生思想道德教育的"合力效应",才能达到育人目的。

第六章 新时期大学生思想道德教育的创新实践

"中国梦"不只是"财富梦"、"实力梦"、"强国梦",还是"道德梦",思想道德教育是新世纪我国教育改革的一项重要内容,也是实现中华民族伟大复兴的重要基石。当前,国际与国内形势每天都在面临着新的变化和挑战,大学生思想道德教育也不能拘泥于传统、僵化于经验,在新的社会形势下,我们应该积极探索大学生思想道德教育的新途径,开创大学生思想道德教育的新局面,为我国大学生的全面发展打下坚实的基础。

第一节 心理健康教育与大学生思想道德教育

2004 年 8 月 26 日,中共中央国务院(中发〔2004〕16 号)《关于进一步加强和改进大学生思想道德教育的意见》颁布,文件指出:"要重视心理健康教育,根据大学生的身心发展特点和教育规律,注重培养大学生良好的心理品质和自尊、自爱、自律、自强的优良品格,积极开展大学生心理健康教育和心理健康教育辅导,引导大学生健康成长。"

一、大学生心理健康的重大意义

(一)大学生心理健康教育是时代发展的要求

新世纪激烈的竞争使大学生面临着各种压力和挑战。从世界范围来看,国家间的竞争是综合国力的竞争,实质上是以科学技术为核心的高新技术人才的竞争。在人才的素质系统中，心理素质是整个素质系统的基础，同时它还渗透在思想道德素质、科学文化素质、职业素质之中。21世纪的竞争对人才的心理素质有更高的要求，因此，谁拥有良好心理素质的年轻一代就会在未来的竞争中处于有利的位置。心理健康的目标是提高全体大学生的心理素质，优化每一个学生的人格，帮助学生解决成长发展中的各种困惑及问题，增强适应现代社会生活的能力，开发个体心理潜能，提高心理健康水平，使全体学生都能得到全面发展。

（二）心理健康是大学生健全人格的基础

现代社会除了带给大学生舒适的物质享受外，还带给了大学生沉重的心理负担。升学的紧张感、就业形势的压力、现实生活的无奈，这些都给大学生带来了心理上的压力。现实表明，个体坚强的意志、坚韧不拔的毅力和乐观的情绪可以弥补甚至战胜躯体的缺陷与不足；而有心理障碍的人却常常视原本正常的躯体现象为异常而焦虑不安。可见，只有身心都健康才是真正的和全面的健康。一个人只有人格健全，才是真正意义上的完整的人。心理健康是人们进行工作、学习、生活最基本的心理条件。有了健康的心理，大学生才能保持积极乐观的态度，使思想和行为协调一致，意志坚强，自我意识完善，保持融洽的人际关系，积极主动地适应环境。总之，大学生如果能拥有健康的心理，就会慢慢养成稳定的、相对健全的人格；同时，健全的人格也是心理健康的内容之一。只有心理各方面都健康发展，才能为健全人格打下坚实的心理基础，而一个人的人格是否健全，直接影响到他对外部世界的认识与体验，影响到他对当前生活与处境的适应以及对未来前途与命运的把握。

（三）心理健康是大学生个人成才的基础

心理健康对大学个人成才有着重要的影响，心理健康是大学生接受思想道德教育以及学习科学文化知识的前提，是大学期间正常学习、交往、生活、发展的基本保证。大学生所承担的和将要承担的学习任务和社会责任较为繁重和复杂,较为困难和艰苦;同时,社会对大学生的期待也更为殷切,要求更为全面和严格。另外由于大学生不但具有一般青年心理不成熟的特点,而且会经常对自身估计过高、家庭与社会期望过大而产生巨大的心理压力,容易导致心理失衡。可以说一个人在心理上多一分弱点,他的成长和发展就多一分限制,他的生活和事业就很可能少一分成就。

(四)大学生心理健康影响着国家未来的发展

大学生的心理健康关系到民族素质的提高、社会主义一代新人的培养,它是社会主义精神文明建设的一个重要方面。随着我国现代化工业的发展,经济飞速提升,科学技术进步,竞争不断加剧,人们的生活和工作节奏大大加快,各种心理和社会的紧张刺激越来越多,对人们心身健康造成的威胁和危害也越来越大。崇高的理想、良好的修养、和谐的人际关系、努力工作、遵纪守法、维护社会公德是一个人心理健康的重要标志。在当今这样一个迅速变化的时代,青年人面对充满矛盾的人生,会产生许多心理的困扰。因此,认清客观形势,确立人生目标,肩负民族振兴使命,认真刻苦学习,脚踏实地地实践,培养良好人格,增进心理健康,使自己的生命充满希望和活力,是每个当代大学生都必须面对的人生挑战。

二、大学生常见的心理矛盾

(一)既独立,又依赖

大学是人生一个重要的转折点,因为无论是远离家乡的大学生活,还是没有父母监督和老师约束的自由的生活学习环境,都是培养大学生独立意识以及彰显其个性的重要促成因素。但是,我们也应该看到，由于社会经验的缺乏，大学生对复杂事物的鉴别能力以及人际交往能力并不是很好，并且长期形成的依赖感和生活习惯难以摆脱，这些矛盾往往又使其陷入迷茫。

（二）既求新，又恋旧

青年大学生本来就具有求新求异的心理特点。对于刚步入大学校园的大学生来说，美丽的校园、古朴的建筑、现代化的仪器、来自五湖四海的朋友等，都对大学新生有着很强的吸引力，有一种说不出的新鲜感。但是随着年纪的增长，这些新鲜感慢慢消失，紧张的学习、激烈的竞争、单调的生活会使一些学生产生强烈的恋旧心情，思乡心切，情绪低落，怀念过去的生活和朋友，想念亲人和师长，甚至沉溺于回忆之中。

（三）既轻松，又紧张

大学生在高中时代经历了紧张学习和激烈的竞争，才获得升入大学的机会，当他们摆脱繁重的学习任务、卸下沉重的思想压力之后，会产生一种高度放松和愉悦的感受。这种思想上的放松具有很强的惯性，如果不能及时调整过来会造成学习上的被动，加上大学的学习从内容、方法到要求都不同于中学，常使一些学生陷入消极被动状态，出现成绩不佳的现象，由此会产生情绪上的紧张感和精神压力。

（四）既自豪，又自卑

大学生都是通过了激烈的高考竞争而胜出的人，他们往往以竞争胜利者的姿态出现，在一片赞扬声与羡慕的目光下，优越感、自豪感油然而生。但是在群英荟萃、强手如林的大学校园中，每个人都是来自各个地方的佼佼者，每个人都有自己的闪光点和特长，以往的优势不复存在，因此在学习、生活中遇到小小的挫折也容易导致他们自我否定，丢失信心。

（五）既渴望交往，又身陷孤独

同辈间的群体文化是大学阶段的一个重要内容，并且对大学生的影响比较大。大学生来到大学校园这个陌生的环境，渴望结交新的朋友，渴望拥有自己的人际圈子。被人理解和接纳是大多数新生强烈的需要。但由于一些大学生性格内向，缺乏主动交往的动机，加之青年期的心理闭锁等特点，难以如愿以偿，同学之间不易吐露真情、交换思想，自然会产生一种孤独的感觉，形成难以排解的内心冲突。

（六）既追求理想，又受制于现实

理想我是将来要实现的我，是现实我的努力方向；现实我是生活中实实在在的我，两者是不同的。现实我是理想我的基础。大学生要正确看待二者之间的关系。一般来讲，大学生的理想我与现实我之间能够一致的情况非常少见。大学生的自我期望都比较高，一方面是由于社会对大学生的期望很高；另一方面也与自己优越的地位有关，这种境遇容易使人产生自我认识理想化或非客观化的情况。因此，当周围人对自己的评价不像自己想象的那么高时，容易使大学生对自我认识和定位产生动摇，产生苦闷、抑郁等消极情绪。

三、大学生常见心理问题

（一）自卑与自负

自卑是一种负面影响比较大的个人情绪，自卑主要表现在两个方面，第一种是与他人的横向比较，即自己与他人比较，第二种是与自己的纵向比较，即对自己的能力和潜力持怀疑甚至不信任的态度。自卑通常是两种因素混合作用的结果，自卑的人在与他人的比较中失去自信，然后自我否定，长期的恶性循环使他们过于低估自己，总认为自己不行，并将自己的成功或者优点视为“运气好”等因素。这样的人在学习、工作与生活中，总是过高的估计困难，把自己置于失败的境地，觉得自己什么都不行，因此他们往往把成功看作一件遥不可及的事。他们往往自尊心很强，敏感多疑，易受伤害，行动上缺乏勇气，胆小怕事，优柔寡断。

自负是自卑的对立面，与自卑的人恰恰相反，他们往往会过高地估计自己的水平，总认为自己什么都行，别人都比不了自己，无论是学习中还是生活中，他们总是以自己为中心，认为自己是最优秀、最突出的一个。自负的人往往对自己怀有不切实际的奢望，极易遭受挫折，一旦受挫，又极力怀疑自己的能力，很容易迅速走向自卑。

（二）虚荣

虚荣是指过分看重荣誉、他人的赞美，自以为是的一种性格特征。虚荣心往往与自尊心、自卑感联系在一起，从心理学上来说它是自尊心与自卑感的混合产物。虚荣心强的人性格一般比较内向，并且情感脆弱敏感，虽然自卑，但是又十分害怕别人伤害自己的自尊心，对于别人的评价与看法比较在意，虚荣心强的人不允许别人对其有稍微的冒犯，并且经常会抬高自己的形象。

（三）急躁

急躁是指由内在冲突所引起的焦躁不安的情绪状态或人格特征。表现为遇到不顺心的事情马上激动不安，缺乏耐心，做事急于达到目的，没做好充分准备就盲目行动。性情急躁的人说话、办事快，容易冲动，经常处于一种莫名的紧张状态，并且经常会因为自己的急躁心理对周围的人造成影响；急于求成的人，当目的不能达到时经常的表现为泄气或者愤怒、发怒，不但对自己的身心健康造成了负面的影响，也对人际交往造成了障碍。克服急躁心理的有效手段是要减少攀比心理，正确地看待竞争，认识到结果并不是我们追求的唯一要素。

(四)抑郁

抑郁是指人的情绪长时间处于沮丧、忧郁、迟钝、思维活动缓慢等状态下的种种症状。对于大多数人来说,抑郁只是一时出现的一种负面精神状态,并且很快就会好转。但是也有一部分人长期处于抑郁状态,这对人的身心健康有严重的影响,使人们难以正常的学习与生活。

在大学生群体中抑郁是一种常见的情绪,大学生要尽量避免抑郁或能够迅速从抑郁中解脱出来。扩大人际交往,多与人沟通;调整认知方式和思维方式,从不同的角度看待事物;正确认识与评价自己都是预防与摆脱抑郁困扰的有效方法。

(五)怯懦

怯懦指胆小怕事的心理状态,主要表现为缺乏勇气和信心,处处小心谨慎,瞻前顾后,不敢表明自己的态度,不敢承担责任,不敢冒险,害怕可能面临的困难和挫折,回避困难,逃避责任,在困难面前常常知难而退,甚至不战而败。这样的人常常抱怨自身的不幸,宁愿忍受痛苦而不主动追求。克服怯懦的办法主要是鼓励自己积极应对生活中的挫折,发现自己的优点,树立自信心,培养勇敢精神。

(六)嫉妒

嫉妒指的是他人在某些方面胜过自己引起的不快甚至是痛苦的、消极的情绪体验,嫉妒一般都具有明确的指向性。嫉妒是一种复杂的情绪状态,它包含着愤怒与怨恨、憎恶与羡慕、猜疑与失望以及伤心与悲痛等情感。嫉妒是自尊心的一种异常表现,每个人都或多或少的存在一定的嫉妒心理,是大学生中普遍存在一种心理特征。

嫉妒使人心中充满恶意和伤害,嫉妒是一种情绪障碍,它扭曲人的心灵,妨碍人与人之间的正常交往,造成人与人之间的隔膜。嫉妒首先伤害的是自己，因为嫉妒的人将自己的失败归咎于他人，并且大多数有嫉妒心的人缺乏积极进取的精神。因此，大学生只有采取正确的比较方法，有意识地想一想自己的优点与长处，才能使自己失衡的心理回到平衡的状态。

（七）压抑

压抑也是大学生常见的情绪困扰和心理问题之一。大学生活自由、开放，告别了紧张的高中学习，大学生的情感世界变得丰富起来，但是很多时候他们会因为自己的情感和感受得不到尽情倾诉而烦恼，从而产生一种“压抑感”。压抑往往是由挫折引起的，它的发生有一定的必然性，因为情绪困扰长期无法得到宣泄和倾诉。压抑主要表现为情绪萎靡不振，缺乏活力，感觉生活很累，与人交往缺少热情等等。

长期、严重的情绪压抑会对大学生的身心健康造成很坏的后果，从目前的经验来看，及时发泄自己的情绪是防止压抑产生的有效方式，另外对造成压抑的原因进行透彻的认识与剖析对缓解压抑也具有不错的效果。

生活对于每个人来说都是公正的，它不会因为你的富有而充满欢乐，也不会因为你的贫穷而显得枯燥。对生活的感受源自于我们对生活的认识，比如有的人经常看到光明的一面，所以感到生活很愉快；有的人却总是看到灰暗的一面，感觉生活很不称心。实际上，生活对每个人都是公平的，人们自身才是创造生活的主角，也是自己的心灵主宰，我们有能力战胜负面情绪。当代大学生应当树立正确的人生观、价值观，热爱生活，开阔胸襟，宽容大度，不过多地注意生活中的小事，多为他人着想，形成良好的人际关系，保持积极向上的情绪。

（八）自私

自私是指考虑问题、处理事情都以自己为中心，将自我作为思考问题的出发点与归宿。表现为一切事情以自己为出发点，遇到冲突时，总是认为对的是自己而错的是他人；遇到利益纠葛时，总是先顾全自己的利益，而不去考虑他人的情况。特别是那些自尊心强、优越感强、自信心强、独立的大学生，容易出现以自我为中心这种自私主义的倾向。当这种倾向与一些不健康的思想意识和心理特征相结合时，就比较容易出现过分的、扭曲的以自我为中心。克服以自我为中心要客观、恰当地评价自己，既不妄自菲薄也不自高自大，既不自我贬损也不自恋；树立正确的人生观，将自己与他人、社会结合起来，个人利益与集体利益统筹考虑，走出自己狭隘的小天地。

（九）逃避

一些大学生在遇到挫折后，由于害怕受到嘲笑或者害怕再一次失败不敢面对现实、正视现实，而是采取鸵鸟政策，躲开受挫的现实，放弃原来所追求的目标，希望远离失败、挫折，以此来麻痹和欺骗自己，试图忘记或者摆脱失败对自己带来的伤害。在现实生活中，大学生受挫或预感受挫，便逃避到自认为比较“安全”的情境中，例如学习受挫后一改过去刻苦学习为漫不经心、得过且过，同时在娱乐、谈朋友上倾注其精力，这是逃到另一“现实”中；受挫以后往往沉溺于不合实际的幻想之中，以非现实的想象方式来应付挫折，这是逃向幻想世界中；一些大学生在失败或可能失败之时，就巴不得能生病，现实生活中还真的有人病倒了，这是逃向疾病。逃避虽然能使心理紧张得到暂时的缓解，但问题并没有解决，长期下去会形成适应不良，使人害怕困难和挫折，不思进取，所以逃避是大学生受挫和预感受挫时表现出来的一种消极行为反应。

（十）懈怠

大学生出现懈怠心理主要是表现在就业问题上。近年来，大学毕业生中出现了“不就业一族”“啃老一族”。有些大学生对工作岗位挑挑拣拣，以致“高不成，低不就”；有的在学校附近租房

"安营扎寨"，一边打工，一边找工作；甚至有的干脆待在家里，靠父母养活。"毕业不就业，未来还是梦"是他们心理的真实写照。

四、大学生心理健康教育的主要途径

（一）高校要开展好心理咨询工作

1. 开设大学生心理健康教育课

大学生心理健康教育课，是为满足大学生适应自我成长成才的迫切需要而开设的一门重要课程，旨在使学生较系统地掌握心理健康教育的基本知识，介绍增进心理健康的途径和方法，帮助大学生认识健康心理对成长成才的重要意义。心理健康教育课以课堂教学为主要形式，针对性强，信息量大，学时相对集中，师生交流便捷，在大学生心理健康教育的众多途径中具有独特地位。要建设一支以专职教师为骨干，专兼结合、专业互补、相对稳定的大学生心理健康教育与咨询工作队伍；并通过知识传授、案例教学、体验活动、行为训练等多种形式，努力提高课堂教学的水平和效果。

2. 开展针对性的心理咨询

心理咨询是由专业人员即心理咨询师运用心理学以及相关知识，遵循心理学原则，综合运用多种手段与方法协助来访者解决心理问题的过程。有条件的高校，要建立心理咨询室，对大学生进行心理辅导，同时还要建立一支以精干专职教师为骨干、专兼结合、专业互补、相对稳定的心理健康教育工作者队伍，开展心理咨询工作。心理咨询又可分为个体心理咨询和团体心理咨询。大多数时候，应采取一对一的个体心理咨询。此外，还可把具有相同心理困扰的学生组成一个小组进行团体咨询，在这个小组中，他们可以获得一种支持性力量，觉得自己不再孤单，从而增强克服障碍的决心。

3. 开展心理普查，建立学生心理档案

即通过问卷、心理测试等科学方法，了解大学生的个性状况、智力水平、心理健康水平、学习状况等，将其心理问题的历史或现状记录下来，建立大学生心理健康教档案，以便及时掌握大学生的心理健康教状况，提高心理健康教育的针对性。可以对有心理问题及心理障碍的学生进行重点辅导和监控，以便及时有效地对其进行心理健康教育，防患于未然。大学生心理健康教育是一项系统工程，进行心理普查，为每个学生建立心理健康档案，是这工程的重要部分，也是把这项工作落到实处的一个重要措施。

（二）大学生要学会自我保健

1. 学会学习，学会生活

(1)合理调节学习压力

大学生在对待学习这个问题上，容易出现两种倾向：一是觉得进入大学就像进了保险箱，可以放松一下了，于是不思进取，虚度光阴；二是不适应大学生活，学习压力大，时时处于焦虑状态，从而导致学习上疲于应付。也有研究表明，个体在适度的压力和焦虑情绪下，可以提高思考力和机敏度。因此，在实际操作中大学生应当适当的掌控和利用压力，既要保持一定程度的学习紧张度，又不能造成过重的负担，将压力转换为学习的动力。

(2)合理调节生活节奏

大学是一个开放的交往平台，校园生活丰富多彩，形式多样、各种各样的生活为大学生合理地调控生活节奏提供了便利条件和实现的可能性。在大学生活中，大学生可以通过参加文体活动放松身心，缓解压力，又可以通过社会实践广交朋友，提高自己的能力。如果能保持稳定的积极的状态，那么大学生能够充分发挥其潜在的能量，增强自信，使自己的生活有节奏感，劳逸结合，提高学习效率,达到最佳的适应。

(3)学会科学用脑

大脑是人体活动的指挥中心,也是心理活动的最重要的物质基础。要保持良好的心理状态,就要学会科学用脑。实行时间管理,提高学习效率;劳逸结合,避免用脑过度引起神经衰弱,使思维、记忆能力减退。只有这样,才能建立起和谐、适度的生活、学习节奏,培养健康科学的生活习惯,从而有助于自身心理素质的提高。

2. 学会自我调适情绪

稳定的情绪、积极良好的情绪是心理健康教育的重要评定指标。大学生正确地认识和对待挫折,客观冷静地分析受挫原因,不能怨天尤人、逃避责任,并要通过科学的途径对自己的情绪进行调整。

(1)宣泄法

抑郁、烦闷是大学生常见的两种负面情绪,当这些情绪出现时应向人倾吐出来,如果积郁在心里得不到排解,那么这些负面情绪就会发酵,对大学生的心理健康甚至生理上的健康产生影响。弗朗西斯·培根说:“当你遇到挫折而感到苦闷、抑郁的时候,向知心挚友的一席倾诉,可以使你得到疏导,那沉重地压在心头的一切,通过友谊的肩头而被分担了。”因此,在大学生活中大学生要学会交际,走出自我封闭的小圈子,勇敢地走向群体,敞开自己的心扉,积极、主动地与教师、同学、朋友沟通,使自己的负面情绪及时得到排解。

(2)控制法

情绪对身心健康具有重大影响。乐观、积极的情绪和生活态度会让大学生的大学生活充满正能量,悲观、消极的情绪使自己的大学生活变得平淡、乏味,甚至会影响身心健康。作为一个逐渐成熟的社会个体,大学生应该学会用理智来调节和支配自己的情绪,当遇到愤怒的事情时,应该懂得克制,冷静地审时度势。辩证法认为，任何事情都有正反两方面，许多看上去对自己不利的事，如果我们能换一个角度来考虑，那么它未必不是一件好事。学会控制自己的情绪是一个成熟的社会个体应该具有的良好心理素质，在大学生活中，大学生应该有意识地培养自己控制情绪的能力。

(3)自我安慰法

生活总是充满了坎坷和曲折，在大学阶段的生活和学习中，大学生会遇到各种逆境和不如意，这时我们应该懂得自我安慰和自我激励，保持自己对生活和学习的热情。我们常说“失之东隅，收之桑榆”，“当上帝为关闭一扇门的同时，会为你打开另一扇门”，因此面对逆境我们应该鼓起从中寻找突破、摆脱困境的勇气。在自我激励、自我发现的过程中，大学生要克服自己的自卑心理，这是一个艰难的过程，但是只要我们能坚持下来，就会完成一次成长过程中的蜕变。

(4)转移法

在遇到挫折、产生压力时，我们应该及时调整自己的情绪，如果一时难以找到解决问题或缓解压力的方法，我们应该及时把自己的情感和精力转移到自己擅长并且感兴趣的领域当中去，通过这些活动重新建立自信，同时也可以理顺自己的思路、拓展自己的思维。

第二节　网络文化与大学生思想道德教育

党在十八大上指出，在新时期“要大力发展健康向上的网络文化。要认真贯彻积极利用、科学发展、依法管理、确保安全的方针，加强和改进网络内容建设，加强网络社会管理，推进网络依法规范有序运行，唱响网上主旋律，使互联网等新兴媒体真正成为社会主义先进文化新阵地、公共文化服务新平台、人们精神文化新空间”。大学生是社会的未来和希望，如何通过先进网络文化的构建提高我国大学生思想道德教育的水平，是网络时代我国大学生思想道德建设需要解决的一个基本问题。

一、网络文化环境下大学生思想道德教育的必然性

（一）网络文化的发展要求网络思想道德教育

网络是人创造的一个虚拟的世界，人的思想和行为对网络系统运行具有重要的影响。人的思想道德具有矛盾性、复杂性和多层次性，因此基于此产生的网络文化与思想道德也衍生出了很多现实社会中不曾发生过的现象。网络人际交往的特殊性很可能导致现实世界中人与人关系的疏远，产生紧张、孤僻、冷漠以及其他心理健康教育问题等等。这些网络社会问题，都不是单纯靠发展网络技术所能够解决的，它急切地呼唤着思想道德教育的介入。

（二）全面发展价值观要求思想道德教育网络化

在网络兴起之后，传统教育价值观受到了严峻的挑战，当代大学生通过网络开始用全新的眼光来看待与自然、社会和他人的关系，他们的思想观念和生活方式也发生了相应的变化。如果没有正确思想道德观念的引导，在复杂的网络世界中大学生往往会误入歧途。此外，自由开放多元化的现代教育，对吸收和利用新生文化和事物持开放的态度，在社会工作与生活日益网络化的今天，教育系统应该与时俱进，为人的发展提供全面的教育。

（三）网络文化泛滥造成大学生道德缺失

网络信息良莠不齐，有很大一部分信息并没有经过过滤和筛选就进入到人们的视野当中。在网络世界中，多元的价值观的存在，使主流价值观遭遇了抵制，如果任由其发展那么对于世界观、人生观、价值观尚未成熟的大学生来说，具有很大的危害。虽然我们提倡大学生的价值取向的多元化，但是在网络文化的影响

下，一些负面影响较大的价值认识也成为大学生价值取向的一个选项，这对大学生树立正确的世界观、人生观和价值观提出了严峻的挑战。

此外，在不良网络文化的影响下，大学生心理问题日渐突出，如网络道德下降、人际交往异化、人格异化、暴力与犯罪倾向等。这是因为互联网上存在大量的不良信息，道德与思想品质还不成熟的大学生对这些不良信息的抵御与甄别能力并不是很强，会导致拜金主义、享乐主义、极端个人主义等错误价值观念的产生。因此为了保护处于成长期的大学生，我们应该重视网络文化环境下对大学生的思想道德教育。

（四）信息网络化造成了高校思想道德教育的困境

1. 网络造成了信息混乱

传统媒体有成熟的工作规范、较高的党性原则与社会效益。网络媒体可以让不同种族、不同地区、不同信仰、不同政治倾向的个人或团体获得发布信息的平台，一些不法分子和别有用心的反动分子利用互联网发布各种色情、暴力、迷信、社会的谣言甚至危害国家安全等有害信息。正如邓小平同志所说："有的现象可能短期内看不出多大坏处，但是如果我们不及时注意和采取坚定的措施加以制止，而任其自由泛滥，就会影响更多的人走上邪路，后果就可能非常严重。"

2. 网络分散并模糊了高校思想道德教育的主体和客体

在网络环境中，思想道德教育受体存在不确定性，学生可以抛弃一部分社会约束，按照自己的意愿接受或批评教育者传递的教育信息。网络的特性使网络上的主客体关系呈现交互性特征，客体在信息选择上是完全自由和自主的。在复杂的网络中，思想道德教育活动可以随时随地发生，使主客体关系呈现相对性。网络的这些特点要求网络思想道德教育必须要与时俱进。

3. 网络使传统的思想道德教育理念和方法受到冲击

“教师主体”的观念受到冲击。在网络时代到来之前,教师被公认为是教育过程中的主体,由于他们所拥有的知识和技能都比学生多得多,因而处于主动地位,起着主导的作用。但是,在网络时代,学生通过网络可以获得大量的思想道德教育的信息,从而导致教师的信息优势在淡化,甚至有可能处于信息劣势的境地。

二、网络环境下高校思想道德教育的特点

(一)教育目的的政治性和隐蔽性

思想道德教育本身就是一定的社会归属性,它是政党、社会群体有目的地对其成员施加的一种思想观念的影响,并促使他们形成符合一定社会需要的思想品德的社会实践活动。网络环境下,发达国家在“信息自由流通”的幌子下,利用互联网对发展中国家进行意识形态渗透已经成为国际传播的一个重要特点。因此,要抵御西方思想的腐蚀与渗透,必须加强网络思想道德教育,突出和强调网络思想道德教育中的政治性,坚定不移地坚持与发扬社会主义道德。

在传统思想道德教育中,思想道德教育者与受教育者是进行直接的、面对面的接触,教育者与受教育者的身份、年龄、性别等符号明晰,思想道德教育的目的十分明确,思想道德教育的方式是“灌输”。因此,教育形式的直接性和教育目的的公开性是传统思想道德教育的两个突出特征。而在网络环境中,思想道德教育方式主要是通过人—机对话,因而思想道德教育只能靠“引导”。教育者把教育目的隐蔽起来,做到含而不露,对受教育者的思想道德状况及其根源进行深入了解,并指导其培养良好的道德品质和行为习惯往往效果显著。

（二）教育环境的虚拟性和动态发展性

网络是以虚拟技术为基础的，虚拟性是网络思想道德教育环境的基本属性，它是无形的只存在于人们的意识和逻辑当中。在网络思想道德教育环境中，一切都是以比特为基本单位而存在，人与人之间的交往通过计算机及其相关的符号化语言表现。另外，无论是现实环境中存在的教育活动，还是在现实环境中不可能得到实际训练的教育活动，都可以通过虚拟技术实现，这一点也使得网络思想道德教育具有比传统思想道德教育更大的优势。

网络思想道德教育环境具有十分活跃动态性和发展性。面对教育领域不断出现的新问题、产生的新变化，网络思想道德教育能够更好地适应目前高速发展和变化的教育环境。另外，我们应该注意，在网络思想道德教育过程中我们应该依据党的十八大中对构建先进网络文化要求，切实将大学生的思想道德建设与先进网络文化教育结合起来。

（三）教育主体的平等性

网络环境下高校思想道德教育主体的平等性表现在两个方面。

1. 主体地位的平等性

网络交往的隐蔽性消解了传统人际的“社会的樊篱”，教育者与受教育者的身份、年龄、性别等符号不复存在。无论你是领导还是专家，是教师还是医生，只要你不想让人知道，别人就很难清楚你的真实身份。网络空间每个人的地位都是平等的，每个人都可以享受平等的待遇。

2. 主客体的不确定性

教育者和受教育者的身份是不一定的。在互联网迅速发展的情况下，传统的金字塔式的知识等级结构已经土崩瓦解。老一辈对后辈的启蒙正在不断地失去“市场”。在互联网上，成年人的反应往往比青少年迟钝，很多大学教授不会使用计算机，因而堵塞了通过互联网获取知识与信息的渠道。相反，青少年在网上却轻车熟路，来去自如，通过互联网获取大量的知识和信息。很多时候，青少年反而成了成年人的电脑启蒙者。

（四）开放包容性

网络的开放性以及社会主义的本质决定了网络思想道德教育环境的开放包容性。只要是符合社会主义本质、有助于社会主义现代化建设的思想都成为网络思想道德教育的重要内容。学生除了在课堂上接受网络思想道德教育外，随时都可以利用网络获取自己需要的信息。另外，教师团队中也允许有不同的声音，通过客观看待教育教学过程中的矛盾，努力改进工作方法，最终的目的就是为了从根本上解决矛盾，丰富大学生网络思想道德教育的理论体系以及实践经验。

（五）教育信息的开放性和丰富性

网络思想道德教育信息的开放性是由网络的开放性决定的。网络采用一种网状互联式结构，实行全通道型的信息交流方式。这种交流方式使网络思想道德教育信息具有无限的开放性，如思想道德教育内容、教育方法、手段、教育资料、教育时空和教育思维训练等方面的开放性。

在网络时代，学生通过网络可获得比以往更丰富的信息，扩大环境，了解社会动态和科技状况，加深和扩展对所学知识的理解，这有利于解决现代社会经济、政治、文化迅速发展与思想政治理论课教材内容相对滞后的矛盾。我国高校要积极借鉴国外高校的网络教育方法，利用网络技术保证教育、教学的时代性。

高校网络思想道德教育在其进展过程中，教育的时空性不再受到限制。在高校网络思想道德教育中，高校网络思想道德教育主客体借助于大量的信息不但可以足不出户也能了解外面的世界，而且思想道德教育主客体之间的网络互动在大容量、高速度的信息网络的支撑下也发展到了不需要时间和空间的保持就能够进行全面的交流。

在网络环境下，高校教育工作者既要有教育领域的专业知识，也要对计算机相关的技术有所涉猎，更为重要的是，由于思想道德教育工作者做的是人的工作，而人是有血有肉的高级精灵，所以教育工作者要懂得心理学、伦理学、行为学以及相关学科的知识，高效为学生提供帮助。

网络思想道德教育信息的丰富性与网络思想道德教育信息的开放性是紧密联系的。没有开放性，也就没有丰富性。网络思想道德教育信息的丰富性表现在两个方面：

第一，网络思想道德教育信息量的丰富性，即网络思想道德教育信息的海量性。海量的互联网信息一方面来源于无数终端的制造和传播，另一方面得益于网络的复制功能。从某意义上来说，网络思想道德教育信息只会成倍增加，甚至以几何级数递增。这样就能不断满足人们对思想道德教育信息的需求。

第二，网络思想道德教育信息形态的丰富性。我们知道，在网络中，思想道德教育信息是通过比特来传输的，但表现出来的却是文字、图片、声音、图像等多种形态，使网络思想道德教育信息的形态从平面到立体，从静态到动态，大大增强了思想道德教育的吸引力。

（六）教育效果的及时性和广泛性

从网络思想道德教育的效果来考察，与传统思想道德教育有很大的不同，主要表现为教育效果的及时性和广泛性。通过互联网，我们可以把以声音、图像、文字等各种形式的思想道德教育信息，以光速传递，然后再将数字信号还原成原来的形态，从而实现思想道德教育信息的即时传递[①]。比如，你可以同时给成千上万

① 鲍宗豪．网络与当代社会文化．上海：上海三联书店，2001，第114页

的人发送电子邮件，而其工作量和给一个人发电子邮件几乎没有区别，使得时空距离因素不再成为影响网络思想道德教育效果的因素。

网络思想道德教育效果的广泛性表现在多个方面，主要是教育对象的广泛性和教育内容的广泛性。由于互联网不受地域、人数的限制，因而任何网络实践主体都可以接受思想道德教育信息，比如，你的个人主页可被任意多的网络实践主体访问，你也可以在网络聊天室与任意多的主体同时交换思想道德教育信息；互联网的开放性，使得每个主体都可以创造和传播思想道德教育信息，这样就极大地丰富了思想道德教育内容，从而提高了思想道德教育的效果。

三、网络环境下大学生思想道德教育的内容

（一）加强伦理意识和道德责任感教育

网络社会是一个虚拟的世界。虚拟的网络社会大大拓展了大学生思维和行为的空间，为其创新与发展提供了更加广阔的天地，同时也大大增强了其道德行为的自由度和灵活性。这就必然对大学生网民的自律意识、责任意识以及法纪观念等提出新的更高的要求。如果大学生没有坚定的价值追求，很容易在自由、开放的网络虚拟环境中迷失自己，忘掉自己的社会角色、社会责任。因此，为了保障大学生的健康成长，应加强高校学生的伦理意识和道德责任感教育，使其养成良好的网络道德习惯。

（二）加强网络道德规范教育

道德规范是人们根据一定社会的道德要求所制定的具有普遍约束力的行为规则与标准。道德规范是在人们的道德活动与道德意识的基础上形成与概括出来的，它源于对人们道德行为的指导，又指导着人们行为的道德化。

网络道德规范教育的具体内容包括：尊重、诚信、负责、自爱、自律、文明礼貌等。其目的是通过道德教育使大学生自觉做到以下几点。

第一，用正确的观点分析问题，在论坛上发表言论时真实地表达自己的观点，但要遵守国家法令和社会公德，不散布反动的、迷信的、淫秽的内容，不散布谣言，不搞人身攻击。

第二，提倡网络文明用语。要注意语言美，不谈论庸俗的话题，不使用粗俗的语言。

第三，严格自律，用审慎的态度对待网络，不看暴力或色情的网络内容，推动网络主流文化的发展。

第四，尊重知识产权，培育知识产权意识，不盗用或抄袭他人的程序，不使用盗版软件。

第五，抵制任何利用计算机技术损害国家、社会和他人利益的行为，与不道德的行为做坚决的斗争。

第六，用自己的智慧来推动校园网络的建设，使其内容更为丰富多彩。

第三节　社团活动与大学生思想道德教育

社团是高校教育的重要途径，作为第二课堂重要的组成部分，社团承载着并体现着高校的核心价值观和校园文化，是素质教育拓展的重要舞台。社团是学生自发成立的，社团活动的开展也是学生自发组织，目前立足于共同追求和共同兴趣爱好的新型学生团体，正在成为校园文化中越来越靓丽的风景线。大学生常说："社团是梦想开始的地方"。学生社团是具有共同追求者的精神乐园，她从原来自己创造、自己管理发展到有组织、有纪律、有生气的一个团体，正以她独特的魅力吸引着越来越多的同学加入其中、参与其中，使之成为自我展示的舞台。

一、社团的定义与类型

社团通常是指具有共同志趣的一群人，在自由加入或退出的前提下，依校规得到学校许可设立的学生组织。大学内有各种学生组织，有乐队、剧团、运动队等，开展丰富多彩的课外活动。俱乐部都是学生自己组织的，其中有服务性的、娱乐性的、学术性的等等；有的与所学专业有关，有的则是业余爱好。

根据我国高校社团总体来说可以分为四种类型：

信仰型社团：以成员的理想、信念、志向相同为基础组建，比较常见的有邓小平理论研究会、党章学习小组、马克思主义研究会等。

学术型社团：以满足成员的知识需求为基础，以提高学术水平和实践能力为共同目的而建立起来的，与专业学习、学术研究结合较紧的带有专业实践性质和多学科交流的社团，如生命学社、青年法学会、数学建模协会等。

文娱型社团：以成员的兴趣、爱好相同为基础，为满足其成员的精神生活需要而建立的非专业化的文化、艺术、体育等方面的学生社团。文娱型社团是高校学生社团的主体，数量大、类型多，如排球协会、吉他协会、文学诗社等。

实践型社团：以社会实践活动，包括勤工助学或提供社会服务为主要内容而结成的社团，如青年志愿者协会、演讲与口才协会等。

不同类型的社团对学生的吸引力不同，在大学生思想道德教育中所起的作用也有所区别，因此高校团组织应该有意识地对社团组织的类型进行科学的引导。

二、社团组织结构

合理、完善、健全的社团组织结构就是让社团中的会员都能有存在感、归属感,从而发挥出每一个会员的聪明才智。

任何组织想要获得良好的发展都需要科学完善的管理制度,因此做好学生社团的制度建设工作是保障社团能够取得长远发展的基础。许多社团明确规定社团负责人的选举产生办法、各有关职能部门的职责,社团内部负责人各司其职,分工负责,定期举行会议,讨论活动安排,整个社团运作井然有序。虽然这些制度可能并不是十分的完善和严密,但是正是这些社团制度最终保证了整个社团能够随着人员的更替而不断持续下去。

社团的组织结构因社团目标、社团活动的组织形式等多种因素的影响而呈现出多样化的特点,科学地说没有什么适合所有社团情况的所谓的最好的组织结构,正所谓"适合的才是最好的",每个社团都应该根据自身的特点选择适合自己社团组织结构。在这里,重点介绍一种可供选择的社团组织结构——以项目负责制为基础的动态协作社团。项目负责制的动态协作社团强调学习、合作、关心及责任感。

项目组的优势在于能够使社团活动具有针对性、继承性和长期性。在项目组这一组织结构下,社团活动可以围绕社团项目展开,社团发展也有一定的目标。社团成员能够在项目的激励下,能够不断改进自己的工作,从而实现整个社团更好的发展。

而社团实行项目负责制的挑战也是显而易见的。由于社团项目是社团的生命单元,而这个生命单元的活力由一个个细胞的生命力来决定。因此,培养、调动和发挥社团每个细胞(即项目成员)的生命力是社团实行项目负责制的首要挑战。

此外,项目负责制的实行要求社团成员,特别是会长和社团项目负责人要有很好的民主意识和包容能力,也要求社团信息及时公开、共享。同时,它对社团财务的透明管理有较高要求。

从结构建设上来说,成立理事会能够很好的对社团的活动进行管理。一般来说理事会是由固定的 5—8 名成员组成,他们一般是具有一定专业知识、管理经验、社会关系或是已毕业的社团骨干,能够从不同的角度对社团活动的组织以及社团的日常管理工作进行指导或者决策。理事会最主要的作用是保持社团发展的总体方向、财务监督和拓展社团与社会的连接。国外大学生社团理事会的运作机制已经发展得比较成熟，并且发挥了重要的作用，但目前国内高校社团中采用这种机制的社团比较少，如何更好发挥理事会的作用还有待在实践中摸索。

一般而言，团委或学生处的指导老师与社团见面的频率并不高，他们对大学生社团只是进行方向上的引导，对其管理和运作的帮助是有限的。高校社团有必要主动去寻找有专业背景的老师来指导活动的组织、协助协会的管理和提供信息支持等。如果社团能同专业指导老师建立起良好的感情和互动关系，那么指导老师就如同一根线将来来去去的成员连起来。

根据社团的特点和发展阶段，建立社团的换届机制并坚持执行社团换届办法对于增强社团稳定性和鼓励成员积极工作很有意义。

三、提高社团成员参与社团活动的积极性

（一）培训社团成员

社团成员是社团的基本组成部分，没有合格的成员社团难以长久的发展下去，对社团成员进行培训对提高成员素质具有良好的作用。培训要根据需要培训的社团成员数量选择最佳的形式，可以是讲座，也可以是圆桌会议、经验交流会、野营等。社团成员培训一般需要围绕一个主题展开，并以此为契机提高社团成员培训的参与性，同时也提高培训的效果。

（二）社团成员联系

与会员保持经常的联系是很重要的，这是增强成员间的联系，增强其组织归属感的重要途径。无论社团组织什么样的活动，都要设法通知到每一个会员，都要给会员参与和提建议的机

会，让他们感觉到社团对他们的尊重，切忌出现成员因为不知道社团的活动或者被忽视从而退出社团的现象。

（三）明确社团成员责任

根据明确社团成员责任是保持社团成员参与积极性最重要的一个环节。在社团组织的活动开始之前，社团负责人要根据情况召开活动动员会，把活动开展所要实现的目标，所要进行的准备工作告知每个成员，社团成员可以根据自己的兴趣和特长选择不同的小组，确定自己承担的责任。在此基础上，确定项目的负责人、协调人、不同任务小组的负责人及相关人员，明确每个人应承担的责任和完成的任务，并进行必要的技能培训工作。

（四）营造民主、向上的团队氛围

民主、透明、互助、包容、不断改进是会员期待的团队氛围，也是其发挥创造力的必要氛围。团队成员特别是核心成员对新成员的包容和积极鼓励，会使团队的向心力更强，从而激发出更大的工作欲望和工作动力。

社团是一个以兴趣为核心而建立起来的学生组织。成员之间的关系是平等的，其不同之处仅在于分工。因此构建一个民主的团队氛围，有利于维持整个团队融洽相处，从而使团队向上发展。

四、大学生社团的思想道德教育功能

大学生社团的思想道德教育功能，实际上是大学生社团在思想道德教育方面的本质及其能动性的重要表现。明确大学生社团的思想道德教育功能，既能加深对大学生社团活动思想道德教育渠道本质的把握，又能进一步激发大学生社团的社会作用，对提高思想道德教育的战略地位具有积极的意义。

(一)导航功能

大学生社团思想道德教育导航功能是由大学生社团的目的性、方向性决定的。因为大学生社团总是在大学生一定兴趣志向的引导下而组成的。在正确的领导方向下,社团根据其自身宗旨,并利用成员的兴趣和志向引导成员实现思想道德教育目的。从导航功能的具体形态来看,大学生社团的思想道德教育功能主要有以下几种形式。

1. 经济导航

在我国,大学生社团的思想道德教育的经济导航作用表现在十分细微之处,但是却有着不可忽视的作用。无论是大学生之间的相互交往、社团活动的主题还是社团内部文化等都能在一定程度上体现其经济导航的作用。因此,我们应该管理完善的大学生社团对大学生经济认识与经济倾向的引导作用。通过大学生社团活动的暗示和引导,大学生能够感受到在活动中的付出与活动结束后的收获是相一致的,二者是正相关的关系。这种体验会使他们认识到,只有在付出自己的劳动、实现自己的价值以后,才能获得自己应该得到的利益,这与市场经济的宗旨和基本原则不谋而合。

2. 思想道德和科学文化教育导航

大学生社团的思想道德和科学文化教育导航作用十分明显。在大学生社团中,有一部分以学术活动作为核心凝聚点的成立的,其基本目的就是实现在某一思想领域或学术领域的交流和突破,其本身就带有一定的科研目的。还有一部分社团虽然他们没有把学术活动作为社团活动的兴趣指向,但是他们组织的活动都是在指导老师的带领下完成的,从最终的活动和活动效果来看,该类型的社团也是将思想道德培育和科学文化普及作为根本目的的。

3. 对理想信念的导航

理想信念是社团将各个成员组织并团结在一起的核心，社团的宗旨和目的体现着他们的理想，社团的活动渗透着他们的信念。社团通过组织活动将社团的理想和信念体现出来，社团活动中凝结的正能量会感染周围的人，对他们的思想和行为产生影响。引导正确的理想信念不仅对社团成员来说有一定意义，对整个社团来说意义也十分重大。

（二）认识功能

大学生社团的思想道德教育功能还有帮助大学生认识当代社会现象、提高思想认识的功能。大学生社团是大学生接触社会的一个重要渠道。目的在于提高人们的思想认识，因此，认识功能是思想道德教育的重要功能。

大学生社团思想道德教育认识功能表现在两个方面。

1. 大学生社团具有提高大学生思想水平、认识能力和自我认识的作用

大学生社团十分重视实践活动，这是因为实践是体现社团宗旨和成员期望的主要途径。通过大学生社团的实践，社团成员不仅能够获得新的认识，还能够更加清楚的考到自己的缺点和不足，为大学生的全面发展提供有力的支持。另外，大学生能够通过实践检验课堂所学，重新对自己做出定位，并通过与他人的协作，增强自己的团队合作能力和对环境的适应能力。

2. 大学生社团具有提高大学生综合素质的作用

人们的素质包含着各种各样的因素，从目前来看，政治素质、思想素质、道德素质、心理素质、智力素质、文化素质、审美素质、劳动素质、身体素质等都是现代社会中人们应该具有的基本素质。这些素质的养成离不开社会实践，只有通过大量的社会实践，大学生认识到自己的不足和其他同伴的优点，在相互比较的

过程，取长补短不断地完善自身。在社会实践的过程中，出于自尊心理和对下一次参加集体活动的渴望，大学生自己会主动提高自己，形成强大的内在动力。另外，具有同一兴趣的年轻人在一起可以相互帮助，而且他们也愿意相互帮助，共同把这个团队做好。

（三）促进校园文化繁荣和教育改革

丰富多彩、形式多样的社团活动是校园文化建设的重要内容和方式，有利于树立积极向上的校园精神、建设良好的校风、学风，形成良好有序的教育环境。马克思认为："人创造环境，同样，环境也创造人。"良好的教育环境以其自身独特的形象潜移默化地感染人、熏陶人，使人在不知不觉中受到教育和影响，具有积极的正面导向作用。

大学生社团在开展活动中对大学生的有效组织和动员，对社团成员实施富于特色的管理和有效的教育手段，弥补了学校在课外期间对大学生管理的不足，同时也为学生与学校架起了沟通的桥梁，有利于学校体现以人为本的教育思想，有利于吸纳来自群众中的良好建设意见，创建和谐稳定的局面。

另外，通过大学生社团建设，可以改变过去传统的单一的以知识教育为主的教育体系，更加完善高校对学生的素质教育功能。

参考文献

[1]马克思恩格斯选集(第2卷).北京:人民出版社,1995.

[2]马克思恩格斯选集(第3卷).北京:人民出版社,1995.

[3]马克思恩格斯选集(第4卷).北京:人民出版社,1995.

[4]马克思,恩格斯.共产党宣言.北京:人民出版社,1995.

[5]马克思.黑格尔法哲学批判导言.北京:人民出版社,1972.

[6]恩格斯.反杜林论.北京:人民出版社,1995.

[7]恩格斯.关于共产主义者同盟的历史.北京:人民出版社,1995.

[8]马克思.1844年经济学哲学手稿.北京:人民出版社,2000.

[9]邓小平文选(第3卷).北京:人民出版社,1993.

[10]骆郁廷,周叶中,佘双好.思想道德修养与法律基础.武汉:武汉大学出版社,2008.

[11]杜坤林.冲突与重建当代大学生道德价值观研究.上海:上海交通大学出版社,2013.

[12]郭广银,杨明.当代中国道德建设.南京:江苏人民出版社,2000.

[13]龚群.以德治国论.沈阳:辽宁人民出版社,2002.

[14]田建国.以人为本与道德教育.济南:山东人民出版社,2005.

[15]陈国荣.梳理与构建:大学生思想道德教育理论研究.北京:中国社会科学出版社,2012.

[16]平章起,梁禹祥.思想道德教育基本理论问题研究.天津:南开大学出版社,2010.

[17]杨德广.教育新视野新理念.上海:上海教育出版社,2008.

[18]赵志军,于广河,李晓元.思想道德教育学管理.北京:中

国社会科学出版社,2009.

[19]陈爱国.大学生思想政治工作概论.长春:吉林大学出版社,2005.

[20]闵永新.大学生思想政治教育整体有效性问题研究.北京:中国社会科学出版社,2012.

[21]官汉蒙.大学生心理健康教育教程.长沙:湖南人民出版社,2011.

[22]梅宪宾.大学生心理健康教育.长春:吉林大学出版社,2011.

[23]陈淑萍,张宏,王光杰.大学生心理素质教育教程.北京:科学出版社,2012.

[24]李才俊.大学生素质拓展指导教程.成都:西南交通大学出版社,2011.

[25]韩民青.当代哲学人类学.南宁:广西人民出版社,1998.

[26]高玉祥.个性心理学.北京:北京师范大学出版社,1989.

[27]马明华.高校人文素质教育论.广州:华南理工大学出版社,2010.

[28]王文俊.大学生人文素质教育教程.北京:中国人民大学出版社,2010.

[29]吴小英.大学人文素质教育新论.杭州:浙江大学出版社,2012.

[30]张坤民.可持续发展论.北京:中国环境科学出版社,1997.

[31]岳金霞.思想政治教育环境优化研究.北京:中国石油大学出版社,2007.

[32]靖国平.价值多元化背景下学校德育环境建设.南京:江苏教育出版社,2009.

[33]刘慧.生命德育论.北京:人民教育出版社,2005.

[34]李家成.关怀生命:当代中国学校教育价值取向探.北京:教育科学出版社,2006.

[35]刘恩允.大学生生命教育研究.北京:中国社会科学出版社,2012.

[36]王北生等.生命的畅想——生命教育视域拓展.北京:中国社会科学出版社,2004.

[37]刘济良.生命教育论.北京:中国社会科学出版社,2004.

[38]冯建军.生命与教育.北京:教育科学出版社,2004.

[39]袁桂林.当代西方道德教育理论.福州:福建教育出版社,1995.

[40]鲁洁.教育社会学.北京:人民教育出版社,1990.

[41]范树成.当代学校德育范式转换与走向研究.北京:人民出版社,2011.

[42]陈衡哲.衡哲散文集·青年的健康问题.石家庄:河北教育出版社,1994.

[43]联合国教科文组织国际教育发展委员会.学会生存——教育世界的今天和明天.北京:教育科学出版社,1996.

[44]许韶平,王海芳.当代大学生审美教育新探.北京:光明日报出版社,2013.

[45]周芳.思想政治教育审美研究.北京:人民出版社,2012.

[46]李泽厚.美学四讲.天津:天津社会科学院出版社,2001.

[47]苏建永,樊传明,吴兆方.思想道德修养与法律基础.北京:经济科学出版社,2009.

[48]陈建华.思想道德修养.南昌:江西高校出版社,2007.

[49]白冰河.思想道德修养.上海:同济大学出版社,2005.

[50]张义明.大学生思想道德修养与法律基础.北京:科学出版社,2011.

[51]康强,徐国亮,赵建华,路毅.思想道德修养.济南:山东大学出版社,2003.

[52]钱振林.思想道德修养与法律基础.北京:中国人民大学出版社,2010.

[53]季海菊.高校生态德育论.南京:东南大学出版社,2011.